USEFUL BOOK OF GRAPE

ブドウの鉢植え栽培

～仕立て方・育て方～

大森直樹 編

創森社

果粒軟化期の甲斐路

ブドウの鉢植え栽培の妙味、醍醐味～序に代えて～

ブドウの鉢・コンテナ栽培の最大の特徴は、ベランダやバルコニー、軒先、屋上など、畑や庭などの果樹を直接植えつける地面がないところでも栽培できることです。もちろん、日が当たるなど植物が育つ条件が必要ですが、目の届きやすいところで育て、生育状態を観察しながら丹精込めての管理ができます。このことはなによりも樹が育っていく姿、花が咲き果実がなっていく姿を身近に楽しむことができ、日々の暮らしに潤いをもたらします。

おいしいブドウを実らせるには、実は雨が大敵です。雨滴が飛散することで、ブドウは病気が発生しやすくなります。鉢・コンテナ栽培であれば、突然のゲリラ豪雨などのときにも、雨の当たらない軒下や室内などに移動させることが可能です。また、季節によって変わる日当たりに応じて場所を移動したり、夏場の日差しが強い午後などには、樹を休ませるために日陰に移動させることもできます。

ブドウはつる性の落葉樹なので、鉢・コンテナであっても支柱などで人為的に誘引して仕立てなければなりません。1年間の生育サイクルを理解したうえで適切な管理・作業を行っていく必要があります。スペースに応じて身近で好みのブドウ品種を育てて果実をならせ、愛でて味わえるのも鉢・コンテナ栽培の妙味、醍醐味です。

本書が皆様のブドウの鉢植え栽培のお役に立つことができれば幸いです。

2021年　新涼

編者　大森直樹

ブドウの鉢植え栽培～仕立て方・育て方～●もくじ

巨峰

シャインマスカット

甲斐路

タノレッド
（着色前）

ピオーネ

デラウェア

MEMO

◆本書では、ブドウ樹の特徴、主な品種、および鉢・コンテナ栽培での植えつけ方、仕立て方、生育と主な栽培管理・作業を紹介しています。
◆栽培管理・作業は関東、関西を基準にしています。生育は品種、地域、気候、栽培管理法などによって違ってきます。
◆本文中の専門用語、英字略語は、用語初出時、もしくは初出下の（　）内などで解説しています。

主な参考・引用文献

『ブドウ品種総図鑑』植原宣紘編著（創森社）
『よくわかる栽培12か月ブドウ』芦川孝三郎著（NHK出版）
『家庭でできるおいしいブドウづくり12か月』大森直樹著（家の光協会）
『果物学〜果物のなる樹のツリーウォッチング〜』八田洋章・大村三男編（東海大学出版会）
『図解　よくわかるブドウ栽培〜品種・果房管理・整枝剪定〜』小林和司著（創森社）
『12か月栽培ナビ⑦　ブドウ』望岡亮介著（NHK出版）
『育てて楽しむブドウ〜栽培・利用加工〜』小林和司著（創森社）

第1章

ブドウ樹の特徴と主な品種

シャインマスカット（とり木による促成鉢）

果樹としてのブドウの特徴

つる性の落葉低木

果実をとるには支柱が必要

ブドウはブドウ科ブドウ属（学名：*Vitis*）で、ものに巻きついて成長するつる性の植物です。一般的な果樹のように自らの樹体を支えることができないため、幹や枝を支柱やフェンス、パーゴラ（棚）、トレリス（格子状の枠組み）などに人為的に誘引し、果実が直接地面に触れないように仕立てる必要があります。

一方で、つる性なので枝を自在に誘引できるからこそ、好きな形に仕立てられるのも妙味の一つです。

壁面のフェンスに新梢を伸ばし、果房をつける

成長力が旺盛

ブドウは条件さえ整えば、旺盛な成長力を見せます。露地植えでは、発芽した新梢が1年間で10m以上伸びることもあり、100㎡程度であれば覆い尽くしてしまうほどです。

成長力が旺盛。外階段のフェンスを新梢などで覆い尽くす

根域が制限された鉢・コンテナ栽培ではそこまで伸びることはありませんが、樹勢をコントロールして適正な大きさにとどめておく管理が大切です。

冬枯れの状態（7～8年生）

養分蓄積と落葉、休眠

収穫後も枝葉は光合成を行っており、枝幹や根に貯蔵養分（炭水化物）を蓄積しています。この貯蔵養分が耐寒性を高め、翌年の初期生育を良好にします。

健全な樹では気温の低下とともに黄変し、落葉して休眠状態に入ります。

日本全国で栽培可能

ブドウ栽培地の平均気温は12～16℃といわれていますが、一般的に気候に対する適応度が高い植物です。また、ブドウは乾燥に強く、水はけのよい土を好み、酸度としては弱アルカリ性から中性を好みますが、砂漠のような完全な砂質土壌でも、粘土のような土壌でも、排水性さえよければ育ちます。

収穫期を迎えた経済栽培のブドウ棚（甲斐路）

そのため、品種を選べば日本全国で栽培可能です。

一方で、雨に当たると病虫害が発生しやすいので、品種によっては雨よけ対策などが必要になります。

植えた翌年から果実をつける

永年作物である果樹は果実をつけるまで長い年数がかかりますが、ブドウは苗木を植えつけてから結実するまでの期間がとても短いのが特徴です。

鉢・コンテナ栽培であっても、翌年から地植えと同じような果房をつけ、3年目以降から本格的な収穫ができるようになります。

ブドウは一部の品種を除き、一つの花に雄しべと雌しべがあり、自身の花粉で受粉することができる自家結実性があるため、1本だけでも果実をつけることができます。人工授粉の手間や、ミツバチなど受粉を助ける昆虫なども必要ありません。

ジベレリン処理

ジベレリン処理で種なし化も

一般的に果樹は、受粉することで子房の中に種子ができ、子房が肥大し果実を実らせますが、ブドウは受粉が行われなくても、花穂《かすい》をジベレリンという植物ホルモンに浸すことで、子房を膨らませて果実をつくる特性があります。経済栽培ではそうしたジベレリン処理などをすることで、種なしブドウができるのです。

もちろん、鉢植え栽培でも第3章で詳述するように、一般に巨峰などの大粒品種（4倍体）でジベレリン処理による種なし化が行われています。

ブドウ樹部位の名称と特徴

樹枝の特徴と結果習性

ブドウを栽培し、果実を収穫できるようになるまで大切なのは、樹枝の部位の習性などを知り、よく見きわめたうえで、適切な管理を行うことです(**図1－1**)。

容量50ℓの鉢植えブドウ（野上ぶどう園）

新梢、副梢

前年に伸びた枝から春に発芽して伸びた枝のことを新梢といいます。また、新梢から二次的に発生した枝を副梢（2番枝）といいます。

結果枝

ブドウは、その年に出た新梢に開花、結実します。結実した枝のことを結果枝といいます。すべての新梢に結実するわけではありませんが、植えつけ後3年程度の年数をかけて栽培した樹であれば、結果枝になる可能性はほぼ100％といえます。

結果枝のどの部分に結実するかは、ある程度の規則性があります。一般的には基部から数えて第4節、第5節に結実し、そこから引き続いて第7節と第8節に結実する品種もあります。

左右対称の葉

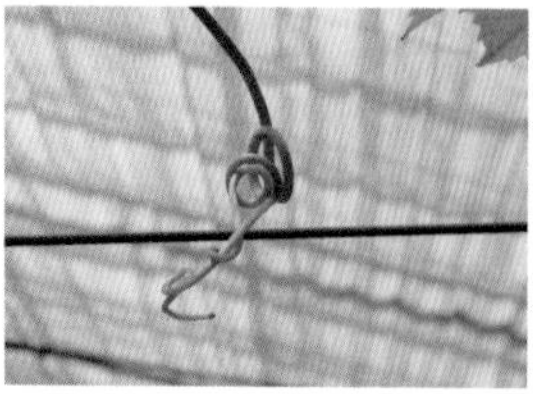
新梢の巻きひげ

結果母枝

結果枝が発生している枝を結果母枝《ぼし》（種枝《たねえだ》ともいう）といいます。結果母枝は、前年結果枝だったものが一般的ですが、前年結果しなかった枝が結果母枝になる場合もあります。

主幹、主枝、側枝

主幹は一般的には幹と呼ばれるもので、そこから伸びた最も太い枝を主枝、主枝から発生した枝を側枝《そくし》といいます。

ブドウの果実を収穫するためには、結果枝と結果母枝の組み合わせが重要ですが、それらを支えるのが、主幹、主枝、側枝です。これらと結果枝、結果母枝をどのように配置するかが、仕

図1－1　ブドウ樹の部位の特徴

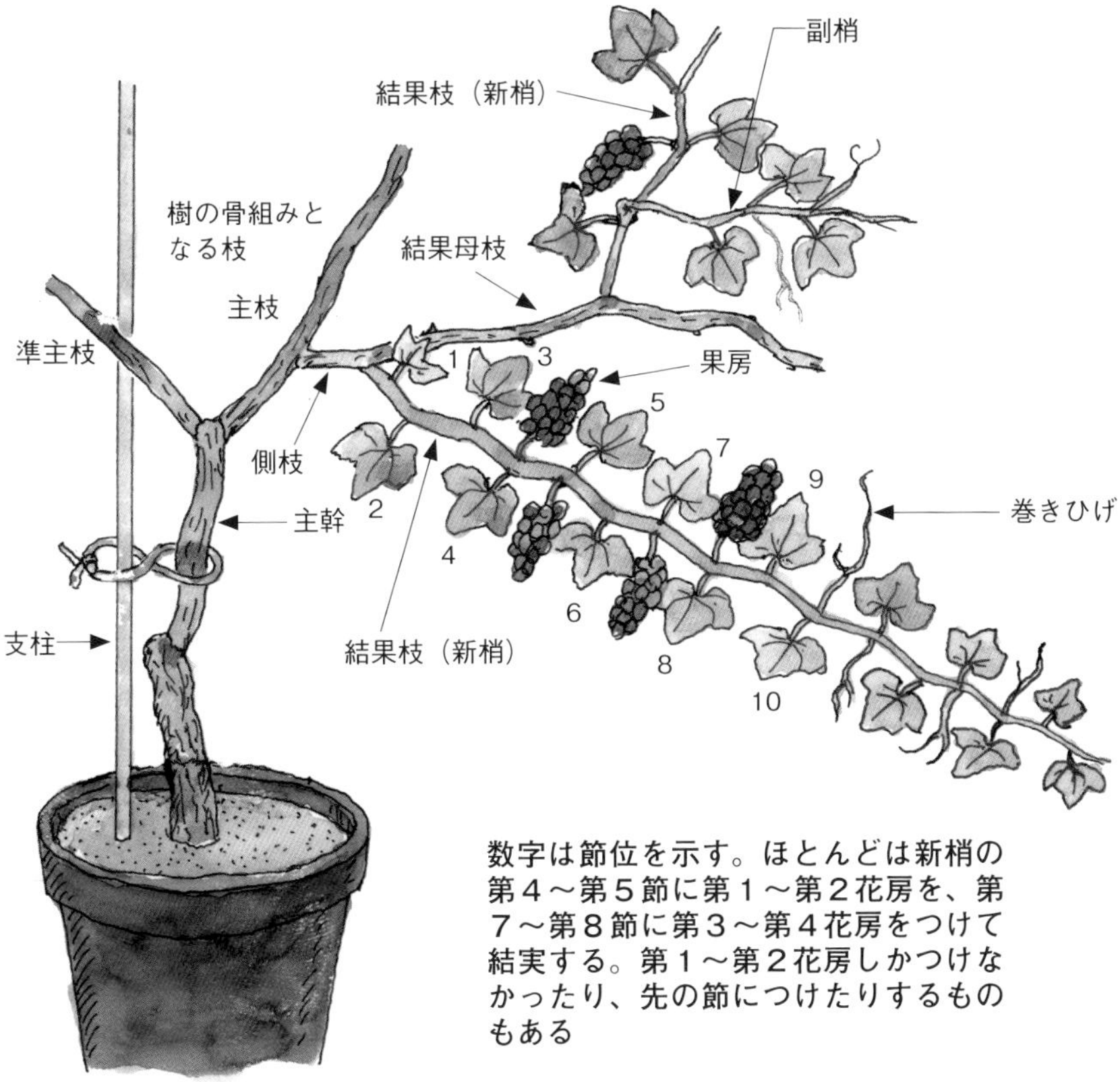

数字は節位を示す。ほとんどは新梢の第４～第５節に第１～第２花房を、第７～第８節に第３～第４花房をつけて結実する。第１～第２花房しかつけなかったり、先の節につけたりするものもある

立ての違いとなります。

巻きひげ

新梢に展開した葉の反対側には、ブドウ自らがなにかにしがみつくために巻きひげを発生させます。

葉、花、花房、果房、根の特徴

葉

ブドウの葉は左右対称で、５本の主脈があります。品種によって裂刻の深さや主脈の配置が異なり、五角形や心臓型、腎臓型などさまざまな形になります。葉はブドウの枝の各節に左右交互につき、葉の反対側には巻きひげがつきます。

花

ブドウの花はとても小さく、花びらもありません。多くのブドウの花は両性花で、雄しべと雌しべが一つの花の中にあり、自家受粉します。蕾のうちは、１本の雌しべと5～7本の雄しべ

がキャップ（花冠）に包まれていて、開花時にそのキャップが外れて受粉します

花房（果房）

ブドウは、長い軸に数百もの小花《しょうか》が集まった花房《かぼう》（花穂）をつくります。花房は開花までの名称で、開花後に実をつける状態になってからは果房といいます。

花房は、穂軸からいくつもの細かい軸（支梗）が出ていて、そこに蕾がつくことで形成されています。支梗は、最も基部に近いものを第1支梗、次を第2支梗といいます。

また、花房が基部から二股になっていることがあり、大きいほうを主穂《しゅすい》、脇から分岐しているものを副穂《ふくすい》（岐《き》肩《けん》）といいます（**図1－2**）。

図1－2　花房の部位と名称

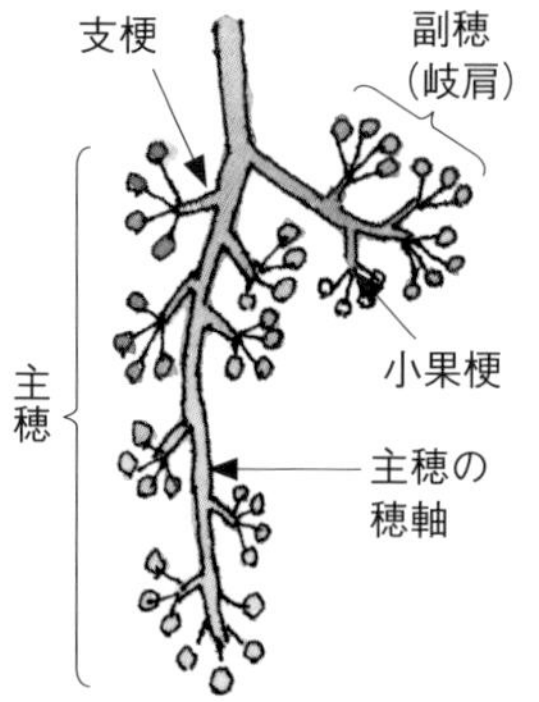

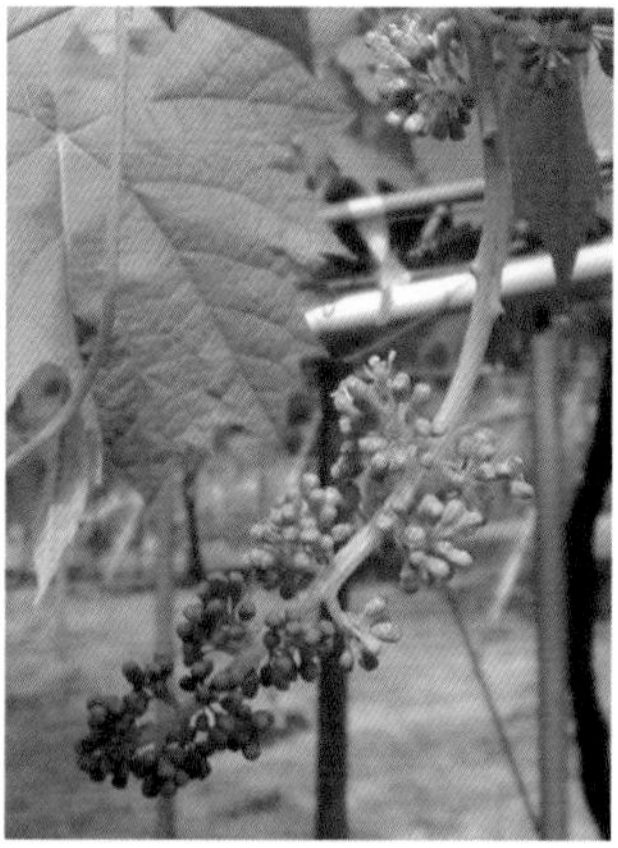

開花始め（シャインマスカット）

果房、果粒

果房は、液果といわれる果汁に富む果粒が房状に集まったものです。円錐や円筒、球、多岐肩など種々の形状があります。

果粒は表皮、果肉（中果皮、内果皮）などからなり（**図1－3**）、形状、大きさ、果色なども多様です（詳しくは92ページ「コラム③」）。

図1－3　果粒の構造と名称(縦断面)

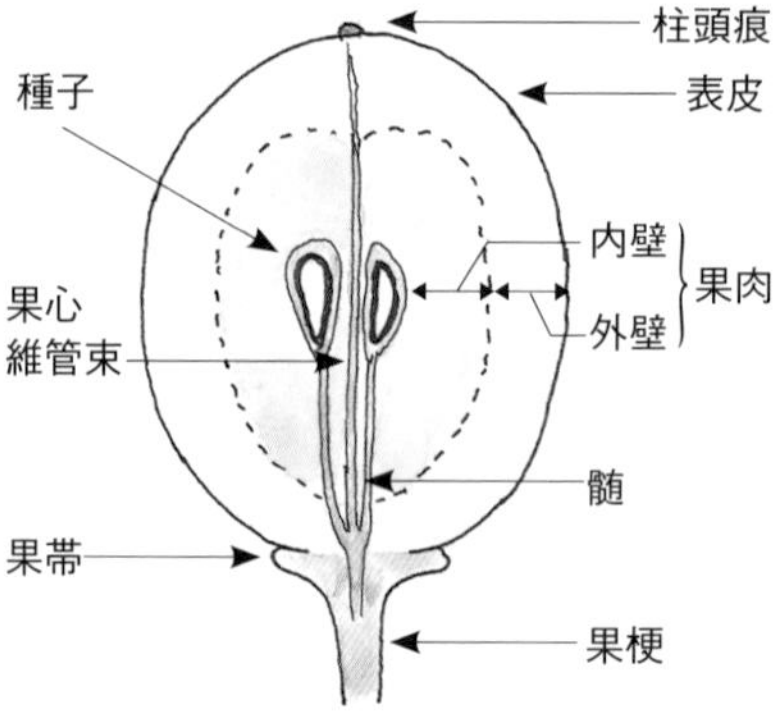

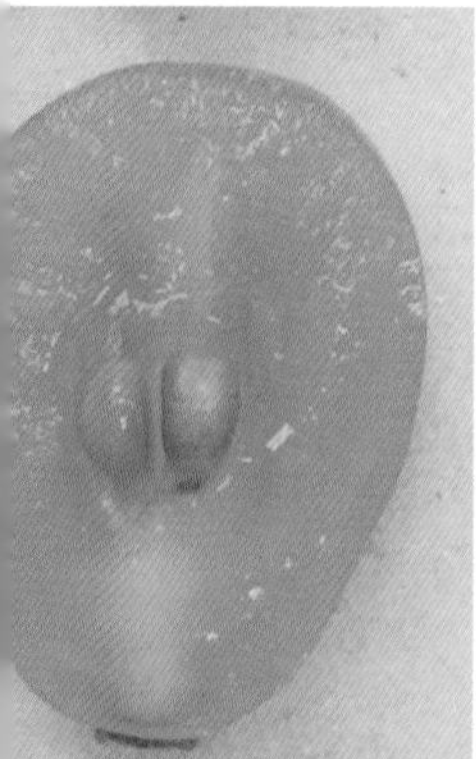

果粒縦断面（ロザリオビアンコ）

根

根は、養水分の吸収だけでなく、成長に必要な養分やホルモンの生成、また春先の発芽や新梢伸長に必要な養分を貯めておく役割も持っています。目に見えない部分ですが、根を健全に生成させることは、とても大切です。

ブドウの分類と品種特性

系統から見たブドウの分類

ブドウの分類には果色、熟期、用途、倍数性などさまざまな方法があります。主な栽培ブドウの品種一覧を**表１－１**（13～12ページ）で紹介します。起源や伝播、系統などを踏まえて欧州種、米国種、欧米雑種に大別されますが、これに欧亜雑種を加えます。

米国種（ポートランド）

欧州種（ルビーオクヤマ）

欧米雑種（陽峰）

欧州種

世界的に最も多い栽培品種。温暖で夏季の降水量が少ない地域が原産のため、雨が多く多湿の日本では栽培が難しいが、品質的に優れた品種が多い。

米国種

北米大陸が原産。冬季低温、夏季多雨の環境への適応力があり、病害虫も発生しにくく栽培も容易。しかしながら嗜好の変化などもあり、品種数、栽培面積ともに増加していない。

欧亜雑種（甲州）

欧米雑種

品質の優れる欧州種に耐寒性、耐温性を持たせるため、米国種を交雑したもの。欧州種と米国種の長所を生かして育成され、多くの有望品種が出回っている。

欧亜雑種

これも欧州種に果皮が厚く裂果が少ないアジア東部原産のブドウが交雑し

たもので、品種数は多くはないが多雨多湿にも耐えることができる。

2倍体と4倍体、3倍体品種

ブドウの染色体は19本を基本数とし、体細胞の染色体数は2倍体の品種で38本（19対）です。そうした2倍体の品種が突然変異して生まれた4倍体は倍の76本（38対）あり、交雑親として利用されることによって数々の大粒品種を作出しています。さらに、2倍体品種と4倍体品種とを交配すると、品種としてはわずかですが染色体数が57本の3倍体が生まれます。

4倍体品種（紫玉）

サニードルチェ

主要品種の特性

欧州種

サニードルチェ（Sunny Dolce）

生食用　倍数性：2倍体、熟期：8月下旬、収量：中、果皮色：鮮紅、果粒形：長楕円、粒重量：11～13g、糖度：17～18度、樹勢：強、耐病性：やや弱。

品種名のサニーは「太陽」、ドルチェはイタリア語で「甘い」の意味。種なしで皮ごと食べられる。果汁が垂れ

果粒重(g)	香り	肉質
4～5	無	塊状
10～12	無	崩壊
1.5～2	無	塊状
4～5	フォクシー	塊状
10～15	マスカット	崩壊
4～5	フォクシー	塊状
10～15	無	崩壊
10～15	無	崩壊
12～15	マスカット	崩壊
11～13	マスカット	崩壊
10～15	無	崩壊
5～6	無	崩壊
13～15	無	崩壊
16～18	無	崩壊
10～14	その他	崩壊
1.5～2	無	塊状
8～10	無	中間
3～4	無	塊状
7～10	フォクシー	中間
5～7	フォクシー	塊状
10～12	フォクシー	中間
10～15	フォクシー	中間
15～20	フォクシー	中間
10～15	フォクシー	中間
15～18	フォクシー	中間
8～10	フォクシー	塊状
8～10	フォクシー	中間
15～20	無	崩壊
15～20	無	中間
10～15	特殊	中間
13～15	フォクシー	中間
13～16	無	崩壊
13～18	無	中間
11～14	無	中間
5～6	フォクシー	塊状
11～12	フォクシー	中間
9～10	その他	中間
14～18	無	中間
14～16	フォクシー	崩壊
12～13	その他	崩壊
13～15	フォクシー	中間

表1−1　ブドウ主要品種の特性一覧

種名	倍数性	系統	交配親	熟期*	着色	果粒形
甲州	2倍体	欧亜雑種	甲斐国勝沼（祝村）で発見	9月下〜10月下	紫赤色	短楕円
甲斐路	2倍体	欧州種	フレームトーケー×ネオマスカット	9月下〜10月下	赤色	卵
デラウェア	2倍体	欧米雑種	アメリカ合衆国で発見	7月下〜8月中	紫赤色	円
ノースレッド	2倍体	欧米雑種	セネカ×キャンベルアーリー	8月下〜9月上	赤褐色	円
シャインマスカット	2倍体	欧米雑種	ブドウ安芸津21号×白南	8月中〜9月上	黄緑色	短楕円
ナイアガラ	2倍体	米国種	コンコード×キャサディ	9月上〜中	黄白色	円
ロザリオビアンコ	2倍体	欧州種	ロザキ×アレキ	9月上〜中	黄緑色	倒卵
瀬戸ジャイアンツ	2倍体	欧州種	グザルカラー×ネオマスカット	8月下〜9月上	黄緑色	短倒卵
ルビー・オクヤマ	2倍体	欧州種	イタリアの枝変わり	9月上〜中	赤色	短楕円
ブラジル	2倍体	欧州種	紅高の枝変わり	8月下〜9月上	暗赤黒色	短楕円
マニキュアフィンガー	2倍体	欧州種	ユニコン×バラディ	9月上〜中	紫赤色	長楕円
ピッテロビアンコ	2倍体	欧州種	イタリアまたは北アフリカ原産	9月下〜10月上	黄緑色	弓
リザマート	2倍体	欧州種	カッタクルガン×パルケントスキー	8月中	紫赤色	長楕円
ジュエルマスカット	2倍体	欧米雑種	山梨47号×シャインマスカット	9月上〜中	黄緑色	長楕円
サニードルチェ	2倍体	欧州種	バラディ×ルビー・オクヤマ	8月下〜9月上	赤色	長楕円
紅南陽	2倍体	欧米雑種	デラウェアの枝変わり	7月中〜下	紫赤色	短卵
オリエンタルスター	2倍体	欧米雑種	安芸津21号×ルビー・オクヤマ	8月下〜9月上	紫赤色	短楕円
キングデラ	3倍体	欧米雑種	レッドパール×アレキ	8月上	紫赤色	卵
サマーブラック	3倍体	欧米雑種	巨峰×トムソンシードレス	8月上〜中	紫黒色	円
甲斐美嶺	3倍体	欧米雑種	レッドクイーン×甲州三尺	8月中〜下	黄白色	扁円
BKシードレス	3倍体	欧米雑種	マスカットベーリーA×巨峰	9月上	紫黒色	円
巨峰	4倍体	欧米雑種	石原早生×センテニアル	8月中〜9月上	紫黒色	倒卵
ピオーネ	4倍体	欧米雑種	巨峰×？	8月中〜9月上	紫黒色	倒卵
安芸クイーン	4倍体	欧米雑種	巨峰の自家受粉、実生	8月中〜9月上	赤色	倒卵
悟紅玉(旧ゴルビー)	4倍体	欧米雑種	レッドクイーン×伊豆錦	8月中〜9月上	赤色	倒卵
陽峰	4倍体	欧米雑種	巨峰×アーリーナイアベル	8月上〜中	赤色	短楕円
高尾	4倍体**	欧米雑種	巨峰の実生	8月中〜下	紫黒色	楕円
伊豆錦	4倍体	欧米雑種	井川205号×カノンホールマスカット	8月中〜下	紫黒色	短楕円
藤稔	4倍体	欧米雑種	井川682号×ピオーネ	8月中〜下	紫黒色	短楕円
紫玉	4倍体	欧米雑種	巨峰高墨系の枝変わり	8月上〜中	紫黒色	短楕円
シナノスマイル	4倍体	欧米雑種	高墨の自然交雑実生	9月上	赤色	短楕円
紅義	4倍体	欧米雑種	巨峰の偶発実生	9月上〜中	赤褐色	倒卵
翠峰	4倍体	欧米雑種	ピオーネ×センテニアル	8月下〜9月上	黄白色	長楕円
多摩ゆたか	4倍体	欧米雑種	白峰の自然交雑実生	8月中〜下	黄白色	短楕円
サニールージュ	4倍体	欧米雑種	ピオーネ×レッドパール	8月上	紫赤色	短楕円
ダークリッジ	4倍体	欧米雑種	巨峰×(巨峰×ナイアベル)	8月中〜下	紫黒色	短楕円
ハニービーナス	4倍体	欧米雑種	紅瑞宝×オリンピア	8月下	黄緑色	短楕円
ブラックビート	4倍体	欧米雑種	藤稔×ピオーネ	8月上〜中	紫黒色	短楕円
クイーンニーナ	4倍体	欧米雑種	安芸津20号×安芸クイーン	9月上〜中	赤色	倒卵
サンヴェルデ	4倍体	欧米雑種	ダークリッジ×センテニアル	9月上〜中	黄緑色	倒卵
甲斐のくろまる	4倍体	欧米雑種	ピオーネ×山梨46号	8月上	青黒色	球

*熟期、果粒重は一部の品種を除き山梨市の露地栽培においてジベレリン処理による種なし化した場合の値
**高尾は染色体数が少ない低位４倍体　　出典：『図解よくわかるブドウ栽培』小林和司著（創森社）

ず、肉質は硬めで歯ごたえがよく、近年の消費者に好まれている。青リンゴに似た独特な香りと爽快な風味がある。果皮は薄く裂果しやすい。

ロザリオビアンコ

甲斐路

ロザリオビアンコ（Rosario Bianco）

生食用　倍数性：2倍体、熟期：9月上旬～中旬、収量：多、果皮色：黄緑、果粒形：楕円～倒卵形、粒重量：8～14g、糖度：20～21度、樹勢：強、耐病性：やや弱。

果肉は締まり、まろやかで多汁。近年では同じ黄緑色で皮ごと食べられるシャインマスカットに押され気味だが、上品な甘さで酸味は少なく品質は極上。裂果しにくく、降雨の少ない地域では露地での栽培も可能。

ネオマスカット

甲斐路（Kaiji）

生食用　倍数性：2倍体、熟期：9月下旬～10月中旬、収量：中～多、果皮色：鮮紅、果粒形：先細り卵形、粒重量：8～16g、糖度：18～23度、樹勢：強、耐病性：弱。

果肉は欧州種としては軟らかく多汁で糖度が高く、コク、うまみがあり、渋みや酸味は低いので食べやすい。また純粋な欧州種でありながら果皮が強靭で裂果しにくいが、果皮が厚く皮ごとは食べられず、ジベレリン処理による種なし化ができない。

ネオマスカット（Neo Muscat）

生食用　倍数性：2倍体、熟期：9月上旬～下旬、収量：多、果皮色：黄緑、果粒形：楕円、粒重量：7～10g、糖度：16～23度、樹勢：強、耐病性：中。

果皮が強靭で裂果しない、露地栽培もできる大衆的なマスカット品種。耐病性も欧州種としては強く、戦後の日本復興期のブドウ産業に大いに貢献した品種。同じ黄緑のシャインマスカットに比べて粒が小さく、種ありで皮ごと食べられないため、近年は栽培面積が減少している。

マスカットオブアレキサンドリア
(Muscat of Alexandria)

生食用　倍数性：2倍体、熟期：9月上旬〜10月上旬、収量：多、果皮色：黄緑、果粒形：倒卵形、粒重量：8〜16g、糖度：16〜21度、樹勢：旺盛、耐病性：やや弱。

日本には明治初期に導入され、岡山県の温室ブドウとして定着している、贈答用として１００年を超える歴史を持つ最高品質のブドウ。裂果性がなく、本種を親としてネオマスカットや甲斐路、ロザリオビアンコ、シャインマスカットなどがつくられている。

マスカットビオレ

マスカットオブアレキサンドリア

マスカットビオレ
(Muscat Violet)

生食用　倍数性：2倍体、熟期：9月上旬〜下旬、収量：多、果皮色：紫紅黒、果粒形：短楕円、粒重量：10〜13g、糖度：19〜21度、樹勢：強、耐病性：やや強。

ビオレはフランス語で紫色の意味。濃い紫紅色〜紫黒色なのにマスカット香（91ページ参照）があるのが魅力であり、食味はよい。果皮が厚いため皮ごと食べるのは難しく、果皮と果肉も分かれにくい。一方で裂果の心配はなく、耐病性も強く栽培は容易。

瀬戸ジャイアンツ

瀬戸ジャイアンツ（Seto Giants）

生食用　倍数性：2倍体、熟期：9月上旬〜下旬、収量：多、果皮色：黄緑、果粒形：偏円筒卵形、粒重量：14〜20g、糖度：17〜19度、樹勢：強、耐病性：弱。

2倍体黄緑品種では最大粒で、果皮は厚めだが皮ごと食べられ、種なし化も良好なブドウブームの先鞭をつけた品種。香りは強くないが食味は良好で、品質も高い。

紫苑（Shien）

生食用　倍数性：2倍体、熟期：9

月下旬～10月上旬、収量：やや多、果皮色：紫紅、果粒形：先尖り楕円、粒重量：12～14g、糖度：18～20度、樹勢：強、耐病性：やや強。

樹勢が強く、耐病性も欧州種としては強く裂果もなく、育てやすい大粒・大房種。糖度が高く、多汁。

紫苑

リザマート

リザマート（Rizamat）

生食用　倍数性：2倍体、熟期：8月中旬、収量：中、果皮色：鮮紅～紫紅、果粒形：円筒～長楕円、粒重量：13～25g、糖度：18～23度、樹勢：強、耐病性：弱。

旧ソ連で開発された品種で、皮ごと食べられ、25gもの巨大粒になり、肉質も食味も最高位の品種。果皮が薄くて裂果しやすく、栽培は難しい。

天山（Tenzan）

生食用　倍数性：2倍体、熟期：8月中旬～下旬、収量：多、果皮色：黄緑～白黄、果粒形：俵型、粒重量：40～45g、糖度：18～20度、樹勢：強、耐病性：弱。

天山

ブドウの中でも最大粒の品種。糖度も高く、渋みがなく食味は最高だが、「裂け天山」といわれるほど裂果しやすく栽培は困難。

米国種

ナイアガラ（Niagara）

生食・醸造兼用　倍数性：2倍体、熟期：8月下旬～9月上旬、収量：多、果皮色：白黄、果粒形：円、粒重量：3～5g、糖度：15～21度、樹勢：中、耐病性：強。

1893（明治26）年に日本に導入され、現在もなお長野県や東北地方、北海道などで栽培されている主要経済品種。果肉は軟らかく多汁で、種の周りに酸味がある。果皮と果肉の分離もよい。裂果は少なく、耐病性、耐寒性も強く、栽培は最も容易。生食用のほか、香りが強いのでワインやジュース

キャンベルアーリー

スチューベン

ナイアガラ

コンコード

にも使われている。

スチューベン（Steuben）

生食用　倍数性：2倍体、熟期：8月下旬、収量：多、果皮色：紫黒、果粒形：円、粒重量：3～5g、糖度：18～23度、樹勢：中、耐病性：強。

　糖度が高く、ハチミツに似た独特な甘みやうまみがあり、日本の主要品種の一つ。果肉はやや軟らかく多汁で、肉質もなめらか。果皮と果肉の分離もよい。耐病性も強く栽培は容易だが、耐寒性はやや弱い。

キャンベルアーリー（Campbell Early）

生食用　倍数性：2倍体、熟期：8月中旬、収量：最多、果皮色：紫黒、果粒形：円、粒重量：5～7g、糖度：15～17度、樹勢：中、耐病性：強。

　1897（明治30）年に導入され、デラウェアと並ぶ二大主要品種となった。果皮と果肉の分離がよくて食べやすく、完熟すると濃厚なうまみが出る。フォクシー香（91ページ参照）が強い。耐病性、耐寒性ともに最も強く、栽培しやすい。九州から北海道まで、幅広い地域で栽培されている。

コンコード（Concord）

生食・醸造兼用　倍数性：2倍体、熟期：9月中旬～下旬、収量：多、果皮色：紫黒、果粒形：円、粒重量：2～4g、糖度：17～23度、樹勢：中～旺盛、耐病性：強。

　明治時代に導入されてから、生食用、醸造用、果汁用として重要な品種となっている。果皮と果肉の離れがよく、濃厚なフォクシー香があり。主な産地である長野県では、甘口のデザートワイン用として定着している。耐寒性が強く栽培は容易だが、成熟期の水分過多で劣化することがある。

欧米雑種

シャインマスカット

サニードルチェ

シャインマスカット (Shine Muscat)

生食用　倍数性：2倍体、熟期：8月中旬~下旬、収量:中~多、果皮色:黄緑、果粒形:楕円、粒重量:12~16g、糖度:12~16度、樹勢:強、耐病性:やや強。

　わが国の最高傑作ブドウともいわれる人気品種。肉質が硬くマスカット香があり、糖度も高く、優れた欧州種の食味を持つ。果皮はやや薄く皮ごと食べられる。

　耐病性が強く樹勢も旺盛なため栽培は容易で安定性があり、九州から東北まで幅広い地域で栽培されている。経済栽培のように種なし大玉果をつくるには、ジベレリン処理や、植物成長調整剤の併用が必要。

巨峰

サニールージュ (Sunny Rouge)

生食用　倍数性：4倍体、熟期：7月下旬~8月中旬、収量:多、果皮色:赤褐~紫赤、果粒形:短楕円、粒重量:5~6g、糖度:17~19度、樹勢:強、耐病性:強。

　早熟種の紫紅色品種で、ジベレリン処理による種なし栽培が前提となる品種。果肉は適度に締まり、弱いフォクシー香があり、糖度は高く多汁。

巨峰 (Kyoho)

生食用　倍数性：4倍体、熟期：8月中旬~9月上旬、収量:中、果皮色:紫黒、果粒形:倒卵形、粒重量:10~15g、糖度:16~20度、樹勢:強、耐病性:やや強。

　現在日本で主流となりつつある種なし化した4倍体巨大粒品種の先駆けと

藤稔

ピオーネ

安芸クイーン

なった品種であり、デラウェアと並ぶわが国の主要品種。果皮はむきやすく、肉質はやや硬く多汁で糖度が高く、芳香もある。耐病性はやや強く栽培は容易で、裂果も少なく粒数を制限すれば最大20gにもなるが、大粒にすると落果しやすくなり、完熟して糖度が高くなると晩腐《おそぐされ》病が発生しやすいので注意。

ピオーネ（Pione）

生食用　倍数性：４倍体、熟期：８月上旬～９月中旬（種ありは８月下旬～９月上旬）、収量：中、果皮色：紫黒、果粒形：倒卵形、粒重量：14～20g、糖度：16～21度、樹勢：強、耐病性：中。

巨峰よりも大粒でボリューム感がある。肉質も巨峰より締まり、米国系のフォクシー香もあり、食味は大変優れている。果皮と果肉の分離は欧州種に近い。樹勢も耐病性も強いが、糖度が高まると巨峰以上に晩腐病が発生しやすいため、被覆しての栽培が好ましい。

藤稔（Fujiminori）

生食用　倍数性：４倍体、熟期：８月中旬～下旬、収量：やや多、果皮色：紫黒、果粒形：短楕円、粒重量：15～25g、糖度：17～19度、樹勢：強、耐病性：強。

最大で32gにもなるゴルフボール大の巨大な果粒が最大の魅力。果肉はやや軟らかいがピオーネに近く、肉質もなめらか。糖度はさほど高くないが、渋みも香りもなくあっさりとした食味が近年では好まれる傾向もある。樹勢は強く強健で耐病性も強く、栽培は容易。

安芸クイーン（Aki Queen）

生食用　倍数性：４倍体、熟期：８月中旬、収量：やや少～中、果皮色：鮮紅、果粒形：倒卵形、粒重量：12～16g、糖度：18～20度、樹勢：強、耐病性：やや強。

鮮紅色の巨大粒品種で、巨峰やピオーネと比べてやや小粒だが、糖度は高く、肉質も締まり、ハチミツに似たコクやうまみがあり、食味は抜群。わずかにフォクシー香もある。栽培は容易。

悟紅玉（Gokogyoku）

生食用 倍数性：4倍体、熟期：8月中旬〜9月上旬、収量：中、果皮色：鮮紅、果粒形：短楕円、粒重量：16〜20g、糖度：20〜22度、樹勢：強、耐病性：強。悟紅玉《ごこうぎょく》は旧ゴルビー。

果肉が締まり、食味もピオーネに匹敵する鮮紅色の巨大粒品種。安芸クイーンと比べると果粒が大きく、色づきもよいが、着色は気候に左右される。

悟紅玉（旧ゴルビー）

デラウェア

デラウェア（Delaware）

生食用 倍数性：2倍体、熟期：7月中旬〜下旬、収量：中、果皮色：赤紫、果粒形：円、粒重量：1・5〜2g、糖度：17〜23度、樹勢：中、耐病性：強。

最早熟で、ブドウシーズンの幕開けを告げる品種。種なしブドウの代名詞的存在で、わが国の主要品種の一つ。ジベレリン処理は必須だが、多汁で糖度が高く上品な芳香があり、果皮と果肉の離れがよく食べやすい。果皮は厚く強靱で裂果も少ない。枝が細く葉も小さいため、樹勢が弱く思われがちだが見た目より樹勢は強く、耐病性も強い。糖度が高いので晩腐病には注意が必要。

マスカットベーリーA

マスカットベーリーA

（Muscat Bailey A）

生食・醸造兼用 倍数性：2倍体、熟期：9月中旬〜下旬、収量：多、果皮色：紫黒、果粒形：円、粒重量：6〜8g、糖度：16〜21度、樹勢：中、耐病性：強。

日本を代表する国産赤ワイン用品種。生食もされ、完熟すると食味もよくなるが、寒冷地では酸味が抜けにくい。耐病性も強く栽培は容易。

紅伊豆（Beniizu）

生食用 倍数性：4倍体、熟期：8

月上旬~下旬、収量：中、果皮色：鮮紅、果粒形：短楕円、粒重量：13~18g、糖度：18~20度、樹勢：強、耐病性：強。

完熟しても暗紫色にはならず、鮮紅色の巨大粒品種の中でも8月上旬から収穫できる最早熟品種。肉質は軟らかく多汁で糖度も高いが、芳香も味は米国系。栽培は容易だが、果粒肥大期に乾燥すると果粒に弾力がなくなりやすいため、果粒肥大期には定期的な水やりが必要。

紅伊豆

キングデラ

キングデラ（King Dela）

生食用　倍数性：3倍体、熟期：8月上旬、収量：中、果皮色：紫赤、果粒形：卵形、粒重量：3~4g、糖度：20~22度、樹勢：強、耐病性：強。

小粒のデラウェアを1・5~2倍にボリュームアップした種なし早熟種。デラウェアを両親に持たないまったく新しい品種。糖度が高く、果皮はデラウェアより厚く、肉質はデラウェアより軟らかく多汁で、果皮と果肉の分離もよい。

翠峰

翠峰（Suiho）

生食用　倍数性：4倍体、熟期：9月上旬~下旬、収量：中、果皮色：黄緑~白黄、果粒形：やや長楕円、粒重量：14~20g、糖度：16~18度、樹勢：やや強、耐病性：やや弱。

黄緑~白黄色の巨大粒品種の中での最大粒種で、外観にボリュームがある。肉質はやや軟らかくて多汁。果皮はやや薄く、果肉との分離に難があり、欧州種のような品質。裂果は少ないが耐病性がやや弱く、適切な管理が必要。

サンヴェルデ（Sun Verde）

生食用　倍数性：4倍体、熟期：8月下旬~9月上旬、収量：多、果皮色：

黄緑、果粒形:短楕円~俵型、粒重量:13~16g、糖度:18~21度、樹勢:強、耐病性:やや強。

黄緑色の巨大粒品種。肉質は硬く、多汁で糖度は高い。酸味は適度かやや少なく、わずかに特有な芳香があり、濃厚な食味。果皮の厚さは中くらい。耐寒性は巨峰程度で、寒冷地では栽培しにくい。

サンヴェルデ

クイーンニーナ

クイーンニーナ（Queen Nina）

生食用　倍数性：4倍体、熟期：8月下旬~9月上旬、収量:中、果皮色：鮮紅、果粒形：短楕円、粒重量：15~18g、糖度：20~21度、樹勢：強、耐病性：やや強。

鮮紅色の巨大粒品種。その着色と、硬めでかみ切りやすい肉質で注目されている。糖度が高く、酸も低く、ややフォクシー香がある、果皮は巨峰よりむきにくい。裂果は少ないが粒の根元が三日月状に割れることがあるため、過熟は避ける。

ハニービーナス

ハニービーナス（Honney Venus）

生食用　倍数性：4倍体、熟期：8月上旬~9月上旬、収量:多、果皮色：黄緑、果粒形：短楕円、粒重量：10~12g、糖度：18~21度、樹勢：強、耐病性：強。

巨峰と同期に熟し、巨峰よりやや小さい粒の黄緑色品種。糖度は巨峰より高く、肉質は巨峰よりやや硬め。成熟はじめにはマスカット香に、完熟するとフォクシー香に近い特有な芳香を持つ。果皮はややむきにくい。樹勢も耐病性も強く栽培は容易。

ブラックビート（Black Beet）

生食用　倍数性：4倍体、熟期：8月上旬~中旬、収量：中、果皮色：紫黒、果粒形：短楕円、粒重量：14~20g、糖度：16~19度、樹勢：強、耐病性：強。

九州などの暖地でも着色が良好な最早熟巨大粒種。肉質は適度に締まり、多汁で、酸や渋みも少なく高品質。

オリエンタルスター（Oriental Star）

生食用　倍数性：2倍体、熟期：8月下旬〜9月上旬、収量：多、果皮色：紫赤、果粒形：長楕円、粒重量：10〜12g、糖度：18〜20度、樹勢：強、耐病性：やや強。

肉質は硬く欧州系に似て、品質は高い。糖度は高く酸は少ない。果皮はむきにくいが強く、裂果はない。強健で耐病性も強く、栽培は容易。

オリエンタルスター

ブラックビート

高墨（Takasumi）

生食用　倍数性：4倍体、熟期：8月上旬〜中旬、収量：中、果皮色：紫黒、果粒形：短楕円、粒重量：12〜17g、糖度：16〜20度、樹勢：強、耐病性：強。

巨峰の早熟枝変わり品種。巨峰より10日以上早く熟し、特性や外観は巨峰とまったく同じ。果粒は巨峰よりやや小さいが、早生系巨峰として流通していることもある。

多摩ゆたか

高墨

多摩ゆたか（Tamayutaka）

生食用　倍数性：4倍体、熟期：8月下旬、収量：中、果皮色：黄緑〜白黄、果粒形：短楕円、粒重量：12〜15g、糖度：17〜19度、樹勢：中、耐病性：強。

外観が優美な白黄色の巨大粒品種。糖度は高いが香りは少なく、あっさりと上品な風味。肉質は、果皮の直下はやや硬く、中心部は軟らかいため、果皮と果肉の分離にはやや難がある。裂果もなく栽培も容易。

安芸シードレス（Aki Seedless）

生食用　倍数性：2倍体、熟期：8月中旬~下旬、収量：多、果皮色：紫黒、果粒形：短楕円、粒重量：4~5g、糖度：18~19度、樹勢：強、耐病性：強。

マスカットベーリーAに似た紫黒色で、糖度が高く、酸味、渋みが少なく食べやすい。果皮もむきやすい。裂果は少なく耐病性も強く、栽培は容易。

安芸シードレス

ハニーシードレス

ハニーシードレス（Honney Seedless）

生食用　倍数性：3倍体、熟期：8月下旬、収量：多、果皮色：黄緑、果粒形：円、粒重量：4~5g、糖度：18~20度、樹勢：強、耐病性：強。

小粒なため、ジベレリン処理による大粒化が不可欠な品種。フォクシー香に似た芳香があり、糖度も高く食味がよい。栽培は容易だが耐寒性は中程度なので、東北地方以南での栽培に向く。

ノースブラック

天秀

ノースブラック（North Black）

生食用　倍数性：2倍体、熟期：8月上旬~中旬、収量：多、果皮色：紫黒、果粒形：短楕円、粒重量：4~5g、糖度：16~18度、樹勢：やや強、耐病性：強。

東北地方から北海道南部での栽培に適する、耐寒性が非常に強い品種。果皮はむきやすく、果肉はやや軟らかい。糖度は中程度で、酸は少なく、フォクシー香がある。

天秀（Tensyu）

生食用　倍数性：4倍体、熟期：8月下旬、収量：中、果皮色：鮮紅~紫紅、果粒形：短楕円、粒重量：16~18g、糖度：18~20度、樹勢：強、耐病性：強。

肉質が軟らかく多汁で、酸味が少なく、心地よいフォクシー香を有する食べやすい品種。果皮は厚く、果肉との分離もよい。樹勢は強く、耐病性もあり、栽培も容易。

ノースレッド（North Red）

生食用　倍数性：2倍体、熟期：8月下旬〜9月上旬、収量：中、果皮色：紅、果粒形：円、粒重量：4〜5g、糖度：17〜19度、樹勢：中、耐病性：強。

東北や北海道などの寒冷地に適する品種。果肉は軟らかく、適度な糖度でフォクシー香があり、食味は優れている。裂果もわずかで、耐病性も強く、栽培は容易。

ニューヨークマスカット　ノースレッド

ニューヨークマスカット（New York Muscat）

生食用　倍数性：2倍体、熟期：8月上旬、収量：多、果皮色：紫黒、果粒形：円、粒重量：3〜5g、糖度：20〜23度、樹勢：中、耐病性：強。

耐寒性が強く、東北や北海道などでの人気が高い。適度な密着房で、少し摘粒する程度でよい。糖度が高く、抜群の食味。果皮が厚くて裂果がない。耐病性も強く、庭先栽培にも適する。

甲州

欧亜雑種

甲州（Kosyu）

生食・醸造兼用　倍数性：2倍体、熟期：9月下旬〜10月中旬、収量：最多、果皮色：紫紅、果粒形：楕円、粒重量：3〜6g、糖度：16〜23度、樹勢：強、耐病性：強。

欧州種と中国の野生種が交配してできた品種の種子が自然と運ばれてきたものの実生とされており、山梨県で800〜1000年の栽培歴を持つ品種。東洋の野生種の遺伝子を含むため、多雨多湿な日本の気候に耐え、鎌倉時代から日本人に親しまれてきた。近年では白ワイン用品種としても内外で脚光を浴びている。

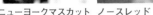

品種を選ぶときの考え方

初心者向きの米国種、欧米雑種

ブドウ栽培の魅力は、なんといっても果実を実らせ、収穫することにあります。果実を実らせることで問題になるのは耐病性や花ぶるい性（花が咲いても落ちてしまう現象）、裂果性、脱粒性などがあります。

一般的には欧州種の品種よりも、米国種や欧米雑種の品種のほうが病気にかかりにくく、果皮が厚く裂果しにくいといわれています。また、耐寒性の強いのも米国種や欧米雑種です。

古くから栽培されている初心者用の定番品種として欧米雑種ではデラウェア、マスカットベーリーA、米国種ではナイアガラ、キャンベルアーリー、スチューベンなどが挙げられます。特に2倍体で米国系の血の濃い品種は病気に強く、粒の大きさも程々でビギナー向きです。

より手間をかける大粒品種

花ぶるいが多い品種としては4倍体品種で欧米雑種のピオーネ、巨峰、クイーンニーナなどが挙げられます。4倍体品種すべてが花ぶるいが多いわけではありません。同じ4倍体品種でも安芸クイーンなどは花ぶるいや裂果が少なく、栽培しやすい品種です。

また、マスカット香があり「大粒・種なし・皮ごと食べられる」ことで人気のシャインマスカット（2倍体品種、欧米雑種）は、ほとんど裂果がなく耐病性もあり、栽培しやすい品種。とはいえ、先の大粒品種同様に整房、摘粒、ジベレリン処理、植物成長調整剤加用など、より手間をかける作業が必要です。

なお、欧州種の品種は一般的に果皮が薄く果肉が硬いため、成熟期に裂果しやすい傾向にあります。

最盛期には、さまざまな品種を直売（山梨県甲州市）

米国種（スチューベン）

欧米雑種（シャインマスカット）

第2章

植えつけ方と仕立て方の基本

果粒着色が始まった巨峰（とり木による促成鉢）

苗木の種類と選び方

苗木の種類

挿し木苗と接ぎ木苗

ブドウの苗木の種類には、主に二つあります。挿し木してつくった挿し木苗（自根苗）と、台木品種に接いでできた接ぎ木苗です。

ブドウ栽培の大敵に、フィロキセラ（ブドウネアブラムシ）という、根に寄生するセンチュウがいます。接ぎ木苗は、フィロキセラに抵抗性を持つ台木に接ぎ木されるため、根に寄生されることはありません。そのため露地植えをする場合は、接ぎ木苗を用いたほうが安心です。

ブドウのポット苗（天香園）

鉢・コンテナ栽培では一般的に、市販されている新しい用土を使うことになります。こうした用土にフィロキセラが混在していることはないので、用いる苗木はどちらでもかまいません。しかし、これまでブドウを栽培していた土を用いる場合は、フィロキセラの混在している可能性がゼロではないので、接ぎ木苗にすることをおすすめします。

素掘り苗とポット苗

落葉し休眠期を迎えた苗木を圃場から掘り上げ、そのままの形で取り引きされているものを素掘り苗（裸苗）といいます。素掘り苗は一般的には1年生苗が主です。

素掘り苗をポットに植えつけたり、育成したものをポット苗といいます。ポット苗は1〜2年生から数年といろいろで、植えつけたポットの大きさや用土の種類、管理状態によって状態はさまざまです（図2-1）。

苗木育成圃（菊地園芸）

苗木選びのポイント

よい苗木とは

苗木をホームセンターなどでじかに

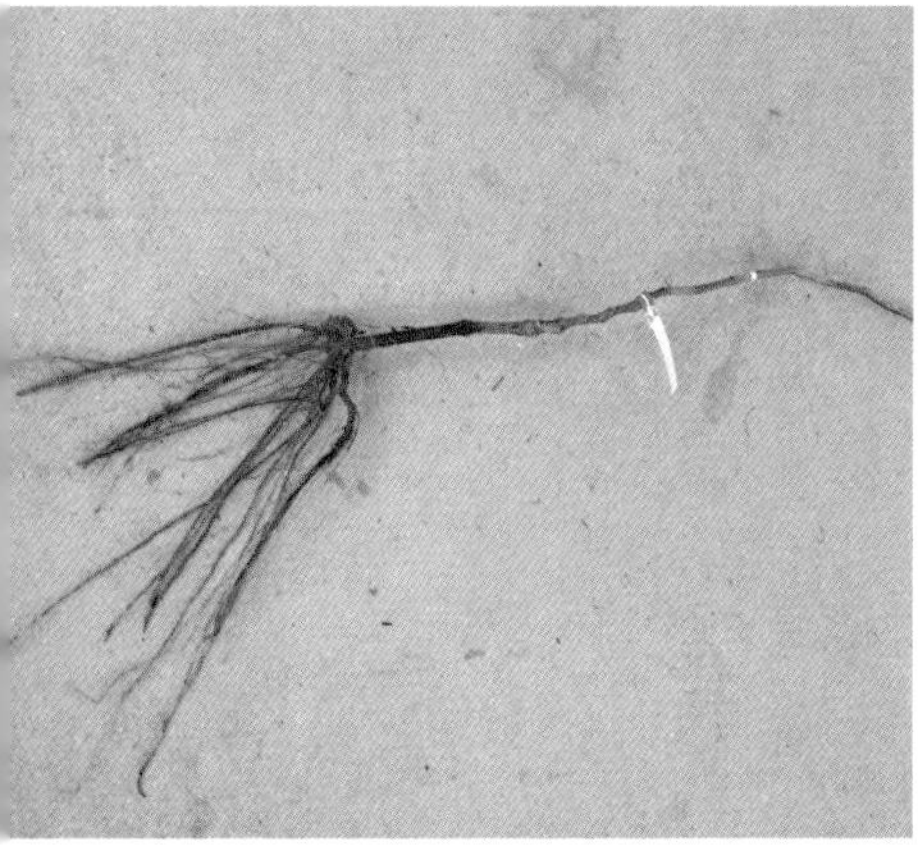

素掘り苗（マスカットベーリーＡ）

図２−１　素掘り苗とポット苗

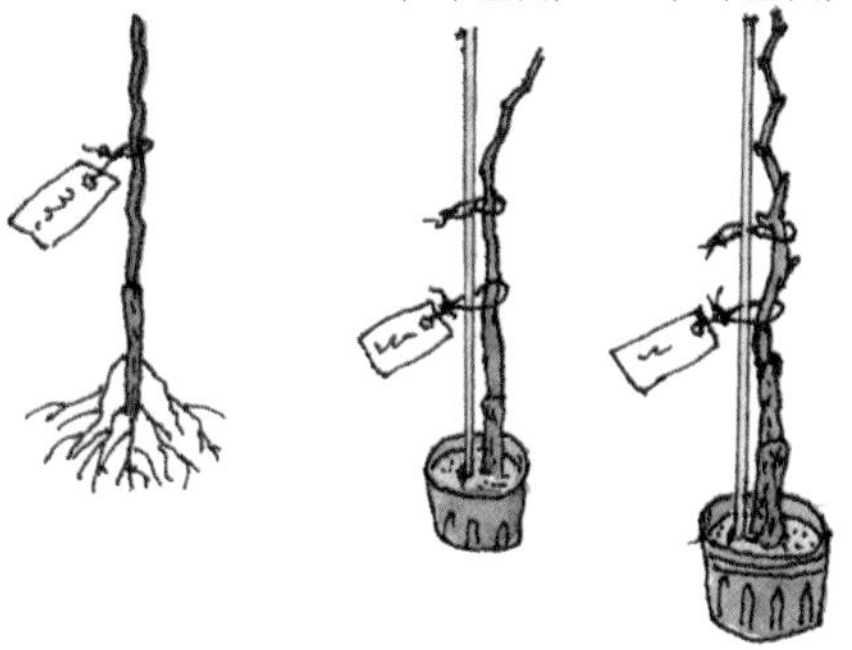

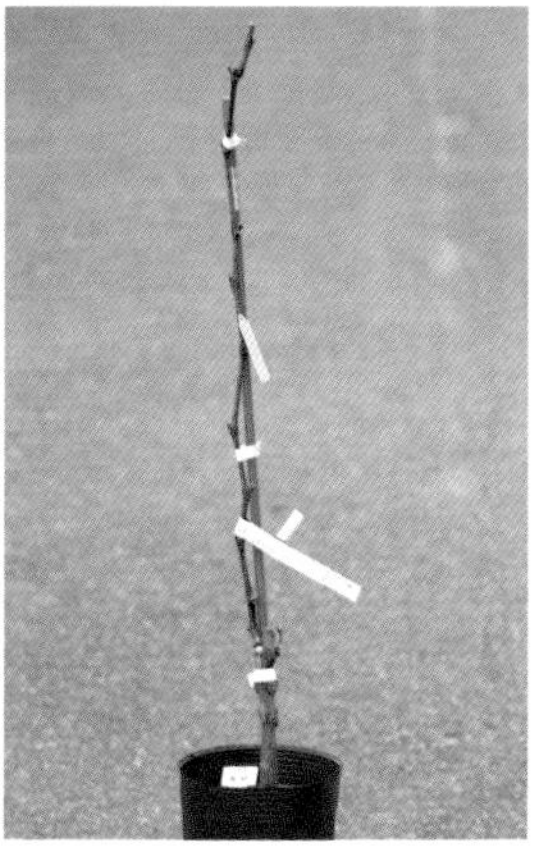

ポット苗（藤稔）

見て入手する場合、まずは果樹一般でいわれている選び方のポイントがあります。

●細根が多く、地上部では節間が詰まっている苗木を選ぶようにします。

●ブドウは生育状況が悪いと枝の断面が楕円形（扁平）になり、こうした枝には結実しても良質のものが得られないことが知られています。苗木の場合も、枝の断面が扁平ではなく円形のものを選びます。

●ブドウの苗木は、休眠期を迎えてから掘りとるのが一般的です。枝がまだ青くて軟らかい状態の苗木は無理して早掘りされたものである可能性が高く植えつけ後の生育が劣りがちです。

●種苗法で登録されている品種は、許諾権を持った種苗業者でのみ取り扱いを許されており、その証拠としてタグがついています。

その苗木がウイルスや細菌病に冒されているかどうかは外観では判断できませんが、ウイルスに冒されていないことを示すウイルスフリー（ＶＦ）のタグがついていれば安心できます。

苗木についたタグ

苗木の入手先と留意点

ポット苗は秋口から春先にかけて、ホームセンターや園芸店などで取り扱っています。

また、品種にもよりますがポット苗

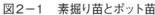

に比べてやや割安な素掘り苗は、ネット通販などで種苗業者に秋口に予約注文をして入手します。注文はいつでも受けつけていますが、送付時期は通常11月から翌年の2月頃です。

●根にあまり土がついていない状態だったり、厳冬期だったりする場合には、乾燥しないように土や鉢に仮植え（仮伏せ）しておくとよいでしょう。

厳寒期の仮植え（クイーンニーナなど)。穴を掘り、苗木を寝かせるように入れて土をかけておいてもよい

実つき苗（サカタのタネ ガーデニングセンター横浜)

●夏から秋にかけて出回る実つき苗は、通常インテリア用、ディスプレー（展示）用です。

実つき苗はふつうは、とり木という繁殖方法による促成鉢で、結果母枝を株から切らずに鉢内などで発根させ、発根を確認したら結果母枝を切断し、育てていったものが主です。購入後、すぐに植え替えると根が傷つき、株が衰弱しがちのため、そのまま育てて、植え替えは11月以降に行います。

ブドウ苗木の生産事情

国内の果樹生産は1955（昭和30年）以降に国策として発展し、各地に産地が形成されてきました。しかし、オレンジなど柑橘類の果実輸入自由化を機に果樹産地形成は少なくなり、苗木の需要も減少の一途を辿りました。ブドウも例外ではなく、苗木の需要減少とともに苗木生産業者も減少しており、そのバランスの中でさまざまな品種の苗木を生産していました。

2020年頃から栽培熱の高まった醸造用ブドウの苗木不足は解消されつつありますが、それでも業者によっては生食用ブドウの苗木生産をやめて醸造用ブドウの苗木生産のみに特化しているところも現れてきました。

また、生食用ブドウ生産の世界でも、近年は国内外で高級果実として取り引きされるシャインマスカットに人気が偏っています。

果樹苗木、特にブドウ苗木は限りある資源です。こうした傾向を減少させていくためにも、新規の苗木生産への参入と、生産効率向上が求められています。

鉢で仕立てたポット苗

鉢・コンテナなどの種類と特徴

鉢・コンテナの形状と大きさ

さまざまな形状

ブドウをどのような形に仕立てるかによって、鉢・コンテナの形状を検討し、選びます。

あんどんやオベリスクのような上方に真っすぐ伸ばす仕立てであれば、円形や正方形のものでかまいません。

20ℓ（左）と60ℓ入りの容器

店頭の素焼き鉢

しかし、後述する平行仕立て、垣根仕立てなどのように横に長く伸ばす仕立ての場合は、根の伸長も地上部と同じように横に長く伸びていこうとするので、できるだけ地上部の生育に平行になるような向きで横長の長方形コンテナを選ぶのがよいでしょう。

大きさの目安

鉢・コンテナの大きさは、植えつけから3年程度は円形や正方形で直径30cm程度、長方形のコンテナで横幅60cm程度であれば、十分成長し数房を結実させることが可能です。また、ブドウの根は地下部30～50cmくらいまで成長するので、鉢・コンテナもなるべく深さのあるものを選びます。

3年目以降もそのまま管理することも可能ですが、できれば大きめの鉢・コンテナに植え替えることをおすすめします。円形や正方形のコンテナで直径40cm程度、長方形のコンテナで横幅90cm程度あればよいでしょう。

後の植え替えの手間も考えれば、鉢・コンテナの置き場所を決めたら、そこのスペースに合わせて最初からできるだけ大きなものを選ぶのが現実的かもしれません。長方形のコンテナであれば、横幅90cm×縦幅60cm×深さ60cmのものが考えられます。

理想的な鉢・コンテナの機能

通気性と排水性のよいものを

まず、鉢・コンテナで優先されるべき機能は、通気性と排水性です。

植物は根も呼吸していますから、土の中にも常に新鮮な空気が入ることが大切です。土の中の空気の通りが悪いと根腐れの原因にもなります。ここでいう通気性とは、鉢・コンテナの側面を空気が通り抜けやすいかどうかです。側面の通気性がよいことによって、土の中への空気の供給がよりよくなるということです。

そして排水性とは、つまりは水はけです。土中の水分が抜けていくことで、そこに新しい空気が入りこみますから、鉢・コンテナからいつまでも水が抜けていかないようだと、土の中への空気の供給もされなくなります。

暑さ対策として肉厚なものを

特に重要なのが、夏の暑さ対策です。風が通らない、しかも西日が当たる場所で、ましてやコンクリートの上に鉢・コンテナをじか置きとなると、土がたちまち乾燥してしまい、枯死するのを待つだけです。そうなると、置き場を替えたり日よけ対策をする以外ありません。そこまで過酷な条件にならなくても、やはり鉢・コンテナの素材自体での暑さ対策は大切です。

素焼き鉢

暑さに強い鉢・コンテナとなると、断熱性の高い肉厚のものがよいということになります。そうした素材のものは耐寒性もあり、寒い時期に土が凍結しにくいことにもつながります。

鉢・コンテナの材質と特徴

素焼き鉢

昔ながらの国産の素焼き鉢（釉処理されていない陶器）は表面が多孔質で全体に小さな穴があいているので、通気性と排水性に優れています。また適度な厚みがあるため耐暑・耐寒性にも優れているので、ブドウの鉢・コンテナ栽培には最適といえます。

一方でデメリットとしては、プラスチック製などと比べて重く、割れたり欠けたりしやすいことがあります。

プラスチック製

保水性がありますが、通気性、排水性にやや劣るのが難点です。近年は果樹用園芸鉢として形状、色、サイズなど各種揃うようになっています。

安価、軽量で持ち運びが容易なこともあり着実に普及していますが、17号

表2－1　果樹用園芸鉢の規格

（一例）

規格	サイズ（cm）	容量
#14（10号鉢相当）	30（直径）21（高さ）	約14ℓ
#25（13号鉢相当）	38.5（直径）31（高さ）	約25ℓ
#45（15号鉢相当）	48.0（直径）38（高さ）	約45ℓ
#60（17号鉢相当）	52.1（直径）42（高さ）	約60ℓ
#100（22号鉢相当）	66.0（直径）43（高さ）	約100ℓ

鉢（約60ℓ）以上の大きさになると一人での移動は困難です（表２－１）。

テラコッタ製

最近では、テラコッタと呼ばれる海外の土を使って外観にこだわったものが主流になってきています。これも素焼き鉢同様の通気性・排水性がありますが、素焼き鉢と比較すると焼きが甘いために劣化しやすく、特に過度に装飾の施されたものになればなるほどもろい傾向にあります。

テラコッタ製の鉢

プラスチック製容器（プランター）

スリット鉢

プラスチック製丸鉢

不織布素材の鉢

スリット鉢

プラスチック鉢の側面にスリットをいれたスリット鉢は、プラスチック製の弱点である通気性・排水性をよくしたものです。もともとは、鉢栽培での根の生育をよくするためにつくられたものです。

後に大きな鉢・コンテナに植え替えるつもりで、植えつけ1～2年間の育苗段階を丈夫に育てたいと考えるならば、この期間は直径30㎝程度の大きさのスリット鉢を用います。

不織布素材（ルーツポーチ）

近年は不《ふ》織《しょく》布《ふ》素材の鉢・コンテナも出回りはじめています。想像よりも耐久性が高いのも魅力です。しかし通気性がよ過ぎるため、乾燥による根の障害が発生するおそれもあるので、適切な水やりなどが大切になります。

鉢・コンテナ栽培に用いる土

市販の培養土を基本に

排水性をよくする

もともと乾燥に強い植物であるブドウを栽培するための用土として最も大切なのは、排水性がよいという点です。そうした条件に合わせるために、基本的には市販の草花用や果樹用の培養土をベースにして、赤玉土、川砂を混ぜて排水性をよくします。

配合の割合は、培養土5、赤玉土3、川砂2です。また、鉢底に大粒で壊れにくい土、またはゴロ石を入れることも効果的です。

培養土

培養土入りの鉢

使ってはいけない培養土

まず、中身がよくわからない培養土は避けます。木くずのようなものを黒くしているだけのようなものも見受けられます。こうしたものは気温が高くなると発酵し、土の温度がとんでもないことになってしまうので、当然ブドウはうまく育ちません。

また、ピートモスが多く含まれた培養土も避けます。ピートモスは保水性や保肥性に優れた用土ですが、そのために夏場に土の温度が上がり過ぎてしまうといったデメリットもあります。

土壌はpH6・5〜7に

果樹の多くは土壌pH（土の酸度）は6・5程度が適性ですが、ブドウは6・5〜7が適性です。酸性が強い土壌を中和させるため、マグネシウム（苦土《くど》）を混ぜ込むようにします。

植えつけ時の調整のみならず、生育開始後に葉脈が黄白色になったり、葉縁部が枯れたりしたらマグネシウムを施して酸度調整をしてみることをおすすめします。

市販の果樹園芸用の土

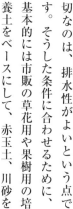

鉢・コンテナの置き場所

置き場所を決める

鉢・コンテナは、必要とあらば移動できるのが魅力の一つです。とはいえ、植えつけて3年後ともなればそう簡単に動かせません。木製コンテナの底にキャスターなどをつけている例もありますが、あらかじめ置き場所を決めておくのが現実的でしょう。

日の当たる場所に置く（萩浜園）

日当たりのよい場所

鉢・コンテナの適切な置き場所で、どんな植物にも共通することとしては、まずは日当たりがよいことが挙げられます。理想的なのは、朝から日が当たり、夕方5時ごろには日陰になっているという場所です。

いくら日当たりがよくても、特に夏場の強い西日が当たる場所は、葉からの蒸散作用によって水分がドンドン失われてしまい、土の絶対量が少なく吸収できる水分も限られる鉢・コンテナ栽培のブドウにとってはよい条件とはいえません。そういった場所しかない場合は、すだれなどで強い西日をよける工夫をすることが必要になる場合もあります。

風通しのよい場所

日当たりとともに、どんな植物にも共通することとして、風通しがよいことが挙げられます。風通しがよいと、病害虫の発生が抑えられ、健康管理の手間が少なくなります。

ただし、あまり強い風が当たる場所は、鉢・コンテナが倒れてしまう可能性もあるので、逆に風よけも必要となる場合があります。

雨よけ対策が必要

ブドウはきわめて雨に弱い果樹で、特に欧州種系のブドウは、雨に当たると、雨に含まれる病原菌にすぐに汚染されてしまうため、幹・枝葉・果実などすべてを雨から守ることが必須です。比較的対抗性がある米国種系や欧米雑種であっても、よい果実を実らせたいならば、最低限、結果枝や果実がなるべく雨に当たらないようにすることが大切です。

日が当たって雨が降り込まない軒先やベランダ下などがあればよいのです

が、そうした場所がない場合は透過性のビニールシートや傘、市販の家庭菜園用雨よけセットなどを利用して雨よけの工夫をします。

雨に当たらないからといって、室内で観葉植物代わりにすることはおすすめしません。秋には葉を落とし、冬には寒さに当たることで、しっかりと休眠することが、ブドウには大切だからです。

場所のスペース

最低でも横幅100cm×奥行き50cm×高さ130cmのスペースがあれば、植えつけ3年目から6房程度の収穫は可能です。

風通しがよいと病害虫の発生が抑えられる

雨よけミニハウス

雨よけハウスの設置

日本の台風被害や大雨被害を考えると、また安定した生産を望む場合は、簡易パイプハウスを建て、屋根をポリ塩化ビニルフィルムなどの被覆材で覆う雨よけハウスをおすすめします。

被覆材は、屋根部分だけ覆う場合や、側面を含めて全面を覆う場合があります。全面を覆う場合は、日中の高温に注意をして換気を行う必要があります。

図2－2　簡易雨よけ施設

市販の簡易ミニハウス

近年は家庭園芸用の雨よけミニハウスが市販されており、野菜だけでなく果樹の鉢・コンテナ植えを収納できるようになっています。一例として紹介する「セキスイ雨よけワイド」（積水樹脂）は大型で強度、耐久性もあり、側面の下側が空いた利便性の高いタイプ（**図2－2**）。必要な部材はすべてセットで、組み立ても簡単です。

植えつけ方のポイント

植えつけの適期

落葉果樹であるブドウは、春に生育しはじめて根や芽を成長させ、秋に葉を落として一時的に活動を休止する休眠期に入ります。植えつけという行為は、ブドウにとっては相当大きなストレスになります。

そのため、植えつけに適しているのは、ブドウにとってストレスが少ない休眠期ということになります。同じ休眠期でも厳冬期は避けたほうがよいため、植えつけの適期は11月中旬～下旬から12月上旬、または2月下旬～3月下旬になります。

植えつけ直後の状態

植えつけの手順

前日の処理

素掘り苗、ポット苗いずれの場合も、バケツなどに水をため、寒暖差の少ない直射日光の当たらない場所に置き、根部だけを一晩水に漬けてしっかり給水させます。植えつける寸前まで水に漬けておき、できるだけ根を乾燥させないようにします。

根部をあらかじめ水に漬けておく

植えつけ当日

❶根を切り詰める

植えつけ寸前にバケツから苗を取り出します。

素掘り苗の場合は、根を広げて基部から3分の2程度残して切り詰めます（**図2－3**）。

図2－3　根の処理

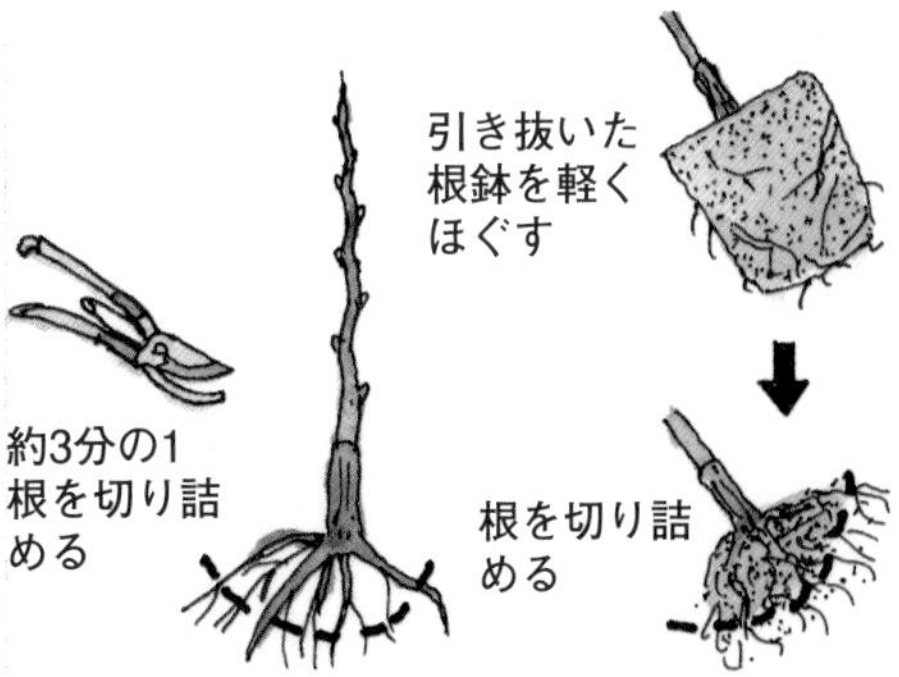

引き抜いた根鉢を軽くほぐす
約3分の1根を切り詰める
根を切り詰める
素掘り苗
ポット苗

ポット苗の場合は、そのポットがスリット状のものでなければポット内の根が鉢底で渦を巻いたように伸びているので、まずは根鉢を引き抜き、軽くほぐして土を落とし、根にハサミを入れて新根が出やすいようにします。根鉢がガチガチに固まっている場合は基部から2分の1〜3分の2程度を残して、土ごとノコギリを用いて輪切りにして切り落とします。

すでに発芽して新梢が発生している生育期の根は、この渦巻き状の根の処理をしないでそのまま残して植えつけます。

根を切り詰める

図2－4　植えつけのポイント

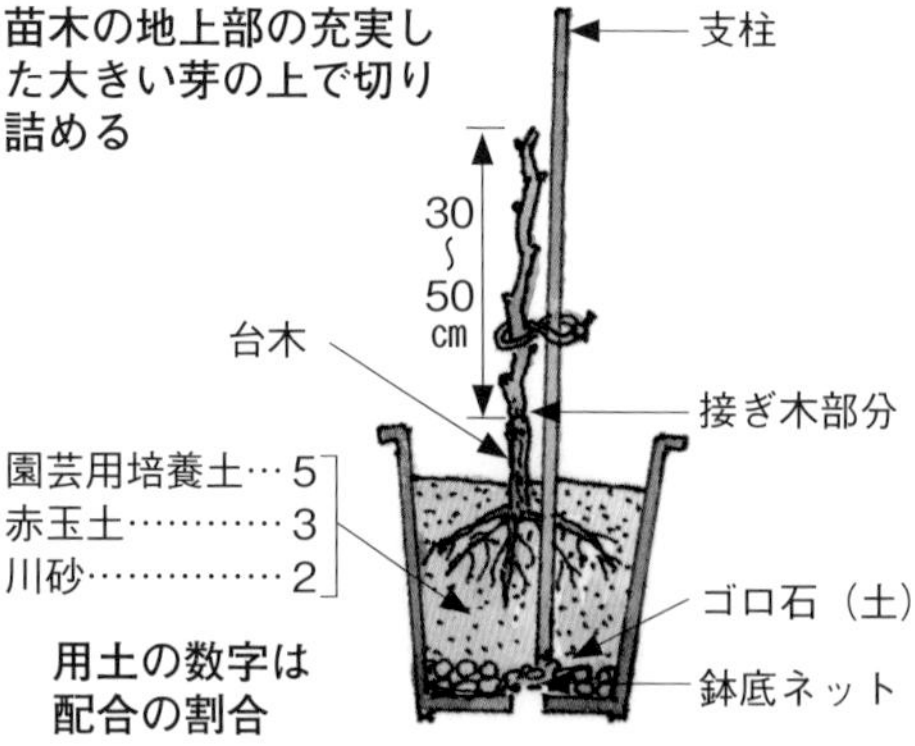

ブドウの根は細く繊細なため、素掘り苗の場合は流通の段階で、ポット苗の場合も限られた環境で生育しているため、根がだめになっている場合が多く、切り詰めなどの処理が必要です。休眠期に「こんなに切るのか」というくらいに根を切り詰め、成長期に元気のよい根を出してもらうことが大切なのです。

❷用土を入れる

鉢底にゴロ石、もしくは壊れにくい土を3cm程度敷き、用土を鉢・コンテナの深さの3分の1度まで高さが均等になるように入れます（**図2－4**）。

鉢底に2cm以上の大きさの穴が開いている鉢・コンテナは、用土が流れ落ちないように市販されている鉢底ネットを適当な大きさに切ってふさぎます。接ぎ木苗は、苗木を置いた際に接ぎ木部分が鉢の頂部よりも上になるように、用土の高さを調整します。

❸苗木を植えつける

根を処理した苗木を、底に用土を入れた鉢・コンテナの中心部に置き、苗木の先端が真っすぐに上を向いた状態になるように手で支え、用土を根に密着させながら鉢の頂部の高さまで入れていきます。

このとき、素掘り苗の場合は、切り詰めた根が均等に広がるように注意します。また、根が鉢・コンテナの側面まで届くようであれば、あらためて切り詰めます。ポット苗の場合は、根切

プランターへの植えつけ

①支柱を容器（プランター）に固定させる

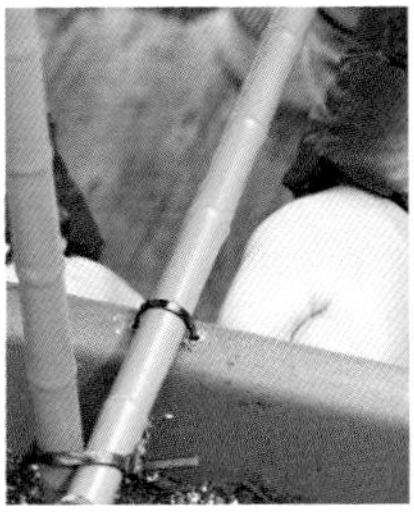

④横の支柱も固定する

②根を据え、土を盛る

⑤植えつけ直後の状態

③地上部を切り戻す

丸鉢への植えつけ

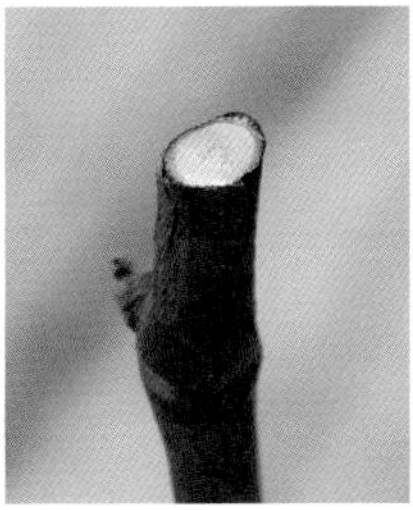

④水平に切断

①根を据える

⑤緩く固定する

②用土を入れる

⑥たっぷり水を与える

③地上部を切り戻す

りをした後に根鉢をほぐして根詰まりを起こさないように放射状に広げ、鉢の中央部に植えつけます。

用土が入ったら、根と用土がより密着するように指先で押し込みます。

❹地上部を切り戻す

苗木の太さが1㎝程度のものは30～50㎝程度、それ以下のものは20㎝程度の長さに切り戻します。この長さとは、接ぎ木苗の場合は接ぎ木部分から、挿し木苗の場合は地際からの長さです。

❺支柱を立て水やりをする

支柱を真っすぐ立て、地際と先端部分をヒモや結束バンドなどで緩く固定します。地上部が2m程度の高さの支柱にします。

植えつけ後すぐに、鉢底から水が流れ出るくらいに、たっぷりと水をやります。

水やり・施肥のポイント

水やりのポイント

土が乾いたらたっぷりと

鉢・コンテナ栽培は土の絶対量が少ないため、土中の水分が切れてしまったり、逆に過剰になったりといったことが起こりやすい環境です。

そうした水分の状態はそのままブドウの生育の良し悪しに直結してしまうので、水やりは最も大切な作業です。また、水を与えることには土壌中の不純物を流し出したり、土中に新鮮な空気を循環させたりといった役割もあります。

鉢・コンテナ栽培での水やりの基本は、表面の土が乾いて白っぽくなったら、鉢底から水が流れ出るまでたっぷりと水を与えることです。

鉢の大きさによっては、2〜3回に分けて行う場合もあります。

水やり

土の表面が乾いたら水を与える

水切れがないようにする

果実が膨らんだら水切れは禁物

水やりの回数は、春と秋は朝に1回、夏は朝と夕方に1回ずつの計2回、冬は1週間に1〜2回程度が目安となります。

特にみずみずしい果実が特徴となるブドウは、果実が膨らみはじめる6月中旬以降は水切れは禁物です。この時期に水分が足りないと、十分に実を大きくすることができません。

一方で、この暑い時期に日中に水やりをすると、鉢の中の水分が温まり過ぎて土中が蒸れてしまい、これもブド

夏季の午前の水やりは早朝に行う

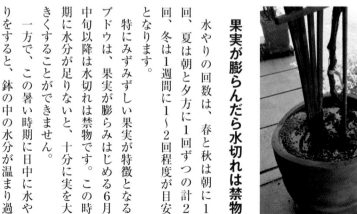

ウにとってはよくありません。夏場の午前中の水やりは、できれば午前9時前くらいには終えるようにします。

葉に水がかからないように

特にブドウは葉に水がかかると病気になりやすい植物なので、葉にかからないように根元に向かって水やりをします。

簡単な自動水やり装置

自動灌水装置

チューブ経由で送水

軒下で根域制限栽培

限られた土量のため、冬以外は数日でも水やりを忘れてしまうと、あっという間にブドウは弱ってしまいます。しかし、旅行などで数日家を空けなければならないこともあります。

そんなときには、1・5〜2ℓのペットボトルのフタと底の部分に穴をあけ、鉢土にさしておくと、自動水やり装置になります。水の出るスピードは穴の大きさで調整できるので、あらかじめ試します。ただし、盛夏期はペットボトル内の水が温水化してしまうため、また、厳冬期は土中の水分が凍る原因になるために、使用しないほうがよいでしょう。

最近では自動（半自動）で行う灌水装置も安価で性能のよいものが出てきました。制御盤と電磁弁を使い、鉢・コンテナの中に直接末端のチューブから点滴のように灌水を行います。大量の水を使う必要もなく、大変便利です。

施肥の基本と方法

肥料の要素と種類

肥料の要素　植物に欠かせない要素（必須元素）には、多量必須要素と微量必須要素があります。

多量必須要素は、タンパク質や核、細胞質など植物の体をつくっている成分であり、量も多く必要です。天然の供給量がありますが、十分な成長を促すため、窒素（N）、リン酸（P）、カリ（K）を肥料の3要素として与えます。

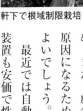

微量必須要素は、微量あれば足りるもので鉄やマンガン、ホウ素、亜鉛、塩素、モリブデンが知られています。

肥料の種類　肥料は有機質肥料と無機質肥料に大別されます。

有機質肥料は、油かすや骨粉、魚かすなど動植物由来の肥料で微量要素に

肥料

油かす

骨粉

いたるまで多くの要素を含有し、遅効性でゆっくり長く効きます。

無機質肥料は、いわゆる化学肥料のことで硫安、硫酸カリなど単一成分のみ含有するものから2～3種類以上の要素をいろいろな割合で含有する化成肥料まで多くの種類があります。一般に即効性で長効きしないのが特徴ですが、ＩＢ化成（尿素とイソブチルアルドヒドの縮合物で緩効性の窒素肥料）などゆっくり効くようにしたものも出ています。

鉢植えの肥料　鉢・コンテナ栽培では肥料が流亡しやすいので、少しずつ肥効が長く続くような肥料を与えることが大切です。そのため、年間施肥量の少なくとも半分は有機質肥料を、あとは緩効性の化成肥料を用いるのがよいでしょう。

有機質肥料は、油かすと骨粉を半々くらいに混合したものを与えます。鉢の大きさにもよりますが、鉢土の表面全体にばらまかないで数か所に置《お》き肥《ごえ》をします。

水やり直後に施すと湿りで給水し、乾くと崩れにくくなります。ただ、発酵してにおいがしたり虫が発生したりすることもあるので、気になる場合は市販の固形肥料（玉肥《たまごえ》など）をおすすめします。

固形肥料

置き肥

鉢土表面への置き肥

施肥の要領

経済栽培の果樹園では果樹の種類、栽培方法にもよりますが、一般に春肥（元肥、芽だし肥、寒肥）、夏肥（実肥）、秋肥（お礼肥）の3回ほど与えます。鉢植えでは水やりによる流亡も考え、これより2回程度回数を多くするのがよいでしょう。

1回分の施用量を鉢の大きさごとに固形肥料：ＩＢ化成で示します。10号鉢では10ｇ：5ｇ、11号鉢では12ｇ：

マグネシウム欠乏の葉

マグネシウム（粒状苦土石灰）

7g、12号鉢では14g：8gとなります。これはあくまで目安で、生育具合を何が不足しているか判断することが大事です。

一般に肥料の過不足は、葉の状態に現れます。

葉の緑が全体的に薄い場合は窒素不足です。また、葉脈が黄白色になり、葉の中心から周辺に広がっていくのがマグネシウム（苦土）欠乏です。この場合は10号鉢で3g程度の苦土石灰を施します。

経験を要することで難しいところがありますが、日頃から生育状態を観察することが大切です。

植え替えと根のリフレッシュ

根詰まりのサイン

根を自由に伸ばすことができる露地植えと違い、鉢・コンテナ植えの植物は根を伸ばせる範囲が限られています。植えつけ後2～3年もすれば、鉢・コンテナの中で根がギュウギュウになってしまい、これ以上根を伸ばす余地がなくなってしまった状態を根詰まりといいます。

根詰まりを起こすと樹勢が衰え、水分や養分をうまく吸収できなくなるため、まずは葉色が悪くなったり下葉が枯れるといった症状を起こします。こうした症状の原因が必ずしも根詰まりとは限りませんが、鉢・コンテナ植えの場合は、まずは根詰まりを疑うのがよいでしょう。また、夏場にいくら水をやってもしおれてしまうようならば、これも根詰まりの疑いがあります。

土の表面や、鉢やコンテナの底から根が出ているようならば、あきらかに根詰まりを起こしています。また、水やり後にすぐに土が乾いてしまう、または水が土に浸透していかないような場合も、根詰まりを起こしている可能性が高いといえます。

植え替えと根詰まり対策

植え替え

一般的な根詰まり対策としては、鉢・コンテナに移し替える植え替えがあります。植え替えは、2～3年に1回の目安で11月中旬～下旬から12月上旬、または2月下旬から3月に行いま

図２－５　植え替えのポイント

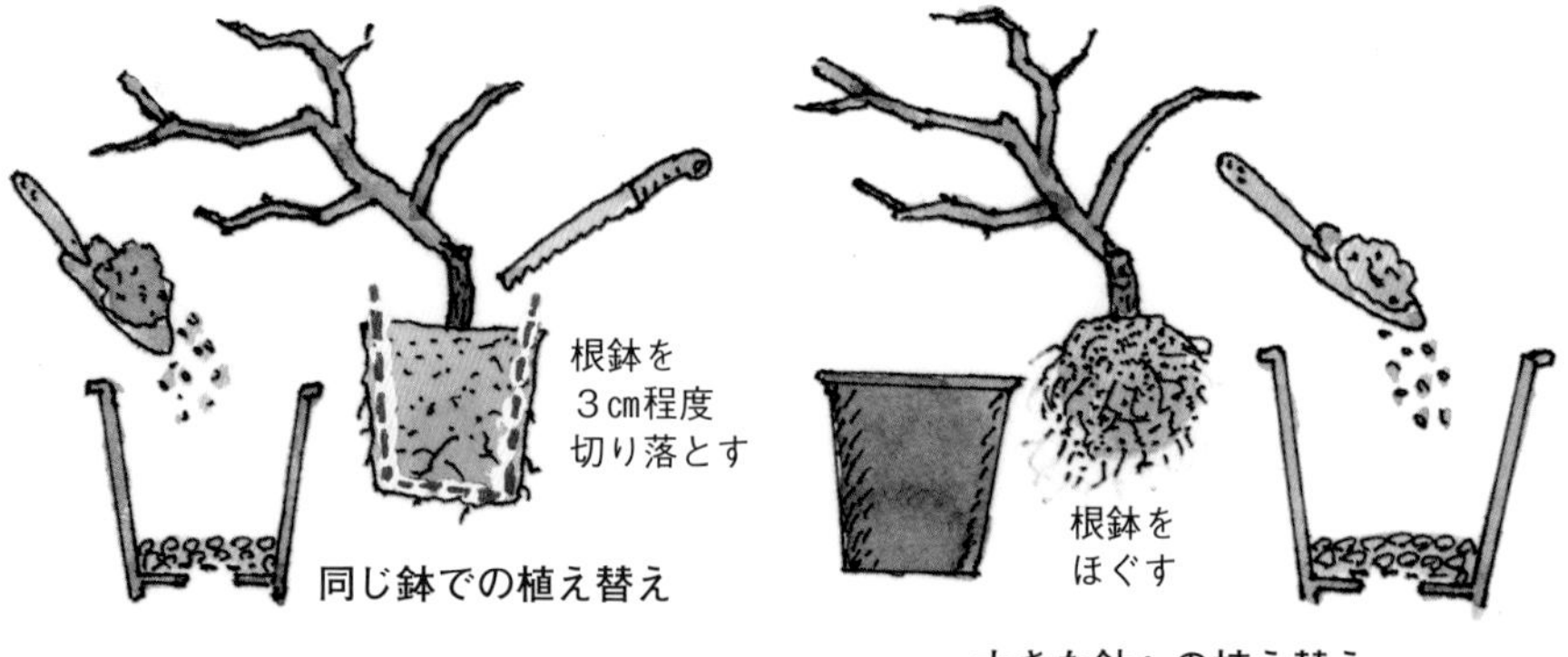

根の処理

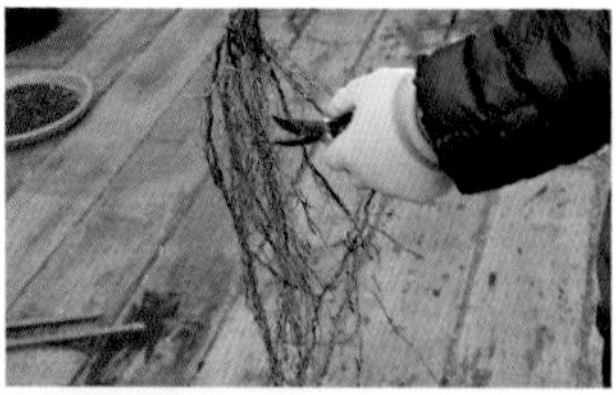
根を切り落とす

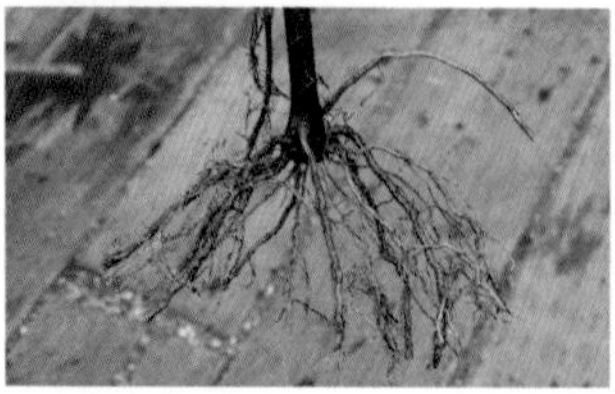
切り詰め後の根

す（図２－５）。

同じ鉢での植え替え

まずは鉢から根幹を引き抜き、根鉢の側面や底を３cm程度切り落として軽くほぐし、同じ鉢に新しい用土を入れて植えつけます。

大きな鉢への植え替え

同じように引き抜いた根鉢を軽くほぐし、古い根を少し間引いたり弱った根を切除したりします。一回り、もしくは二回り大きな鉢に新しい用土を入れて植えつけます。

この植えつけの手順は、ポット苗の植えつけと同じ要領です。

根のリフレッシュ

もともと大きな鉢・コンテナに植えつけ、後に植え替える予定がなかったのに根詰まりを起こしてしまった場合も、対処することは可能です。要は植え替えと同じく、土の中の不要な根を切り、新しく根を成長させればよいのです。

根切り用のノコギリやハサミ、ギザ刃のついたスコップ、さらに先端にスクリュー形の刃がついた手動ドリルなどを使って（編者は工業用の電動ドリルを使っている）、鉢・コンテナの縁に沿って土に均等に穴をあけ、同時に根を切ります。空いた穴には、用土を入れて埋め戻します。

鉢・コンテナ植えの場合は、根詰まりを起こしていても、鉢の内側には根が意外に少ないという状態になっていることがあり得ます。これは鉢・コンテナという限られたスペースで成長さ

ドリルで穴をあけ、根をリフレッシュ

せるうえでは、非常に効率が悪いことになります。

しかし、定期的に毎年根を切り、そこから新しい根を張らせることで、鉢・コンテナ内に均一に根が張っている状態にさせれば、その効率は上がります。そんなことをイメージしながら作業をするとよいでしょう。

また、植え替えをすると根をバッサリと切り込むため、その年には果実を実らせられないことがありますが、この方法ならばその可能性はほとんどありません。

整枝剪定のポイント

整枝剪定によって樹形を整え、かつ健康的に育つために不要な枝を取り払います。ブドウは前年の結果母枝から翌年の結果枝が出ていくため、余分な枝を整理して芽数を制限し、よい新梢の生育を促すことが、整枝剪定の目的となります。

短梢剪定と長梢剪定

枝の切り方ですが、枝の分岐点で切るのを間引き剪定、分岐点以外の枝の途中で切るのを切り返し剪定（切り詰め剪定ともいう）といいます。

短梢剪定後（１年目）

短梢剪定と長梢剪定の違い

短梢剪定とは、結果母枝を一律に1～2芽残して短く切り詰める剪定のことをいいます。

一方、長梢剪定は、残す結果母枝以外の結果母枝を間引きし、残す結果母枝はつけ根から5～9芽残して長めに切り詰める剪定のことをいいます（46ページの**図2－6**）。

言い換えれば、「すべての枝を横並びにする」のが短梢剪定、「よいものを伸ばし、だめなものを切る」のが長梢剪定ということになります。ブドウ栽培農家でも、かつての疎植大木主義の時代は長梢剪定が主流でした。

しかし、よいものを見きわめるのは簡単ではなく、ブドウの生理を熟知したうえで、プロとしての経験や勘が必要になります。

近年は、短梢剪定のほうが誘引などの技術面で能率がよいということで採用される傾向にあります。

鉢植えは短梢剪定を基本に

一方で短梢剪定は、作業自体は画一的で誰でも行うことができるし、結果として商品として十分な品質の果実を均等にとることができます。そのため近年は、ブドウ栽培農家でも短梢剪定が主流になる傾向にあります。

鉢・コンテナ栽培の場合は、栽培スペースも限られているため、基本的には短梢剪定を行います。

短梢剪定にあたって

果実をならせた枝（結果母枝）を、2芽を残して切り詰めます。

落葉後から2月いっぱいまでの休眠期に行います。根が活動を始め、枝先から水がぽたぽた落ちるようになるまでには終えるようにします。

短梢剪定で最も気をつけてほしいのは、樹体の中心部近くの芽と中心部から離れた芽では、発芽のスタートが大きく変わる点です。枝の先端に向かうほど、発芽は早くなります。特に2〜3段の平行仕立てでは、上段のほうが早く発芽します。したがって、その後の管理作業も多少時期が変わることに注意してください。

また、短梢剪定では2芽を残して切除するわけですが、残す芽の位置も大変重要です。特に2芽目が最初の芽の真上、真下にくるような場合はその芽は切除し、斜め横を向いているような3芽目を残すようにします。

図2－6　短梢剪定と長梢剪定、間引き剪定

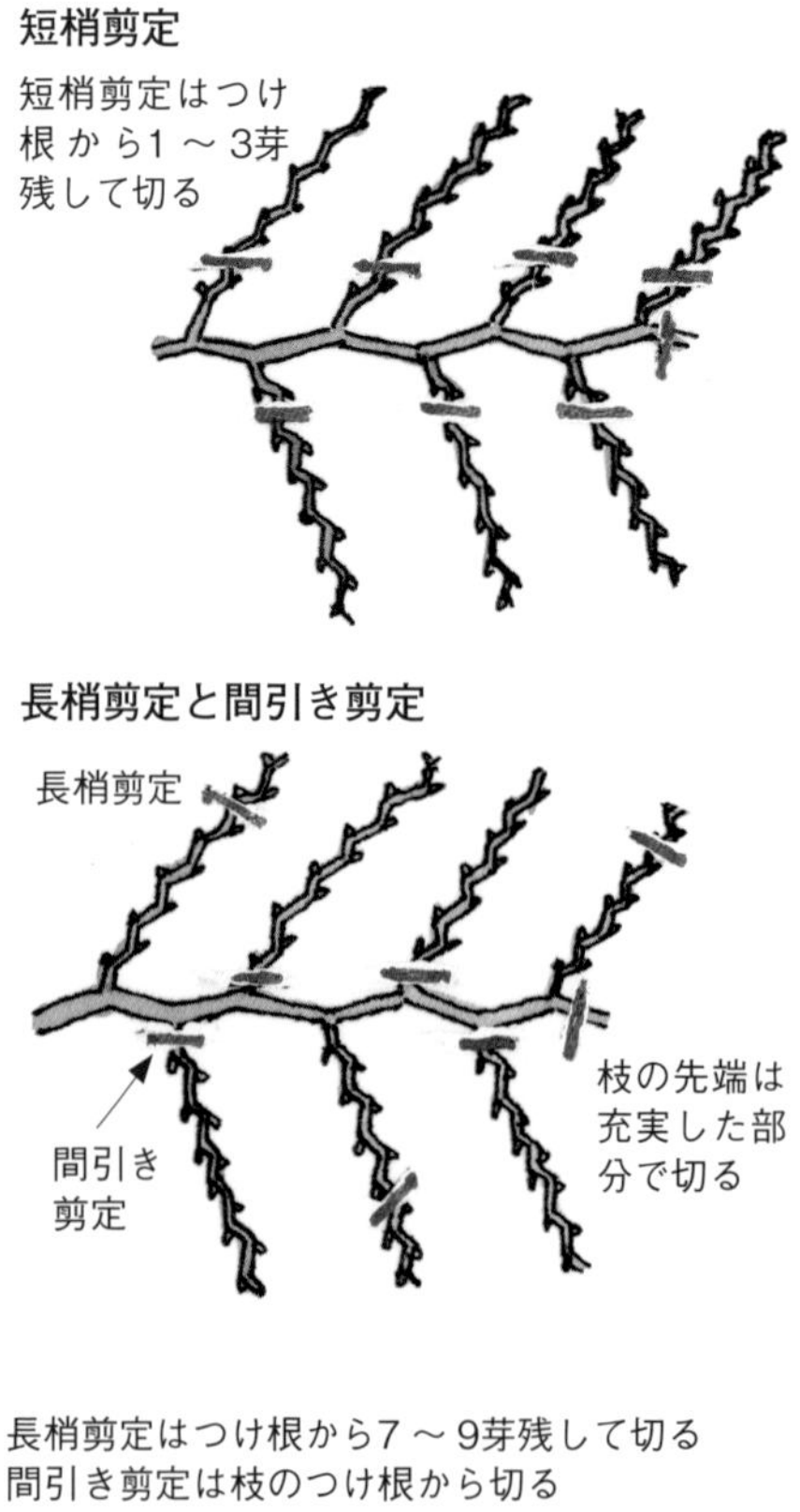

長梢剪定はつけ根から7～9芽残して切る
間引き剪定は枝のつけ根から切る

仕立て方の種類とポイント

ブドウの仕立て方の検討

つる性植物のブドウは、新梢のうちは自由に枝を曲げられるため、どのような形にもしやすいのが魅力です。好みの形にするために、茎や枝を人為的に調整することを、仕立てるといいます。仕立て方の前提として覚えておいてほしいのは、ブドウはその年に出た新梢に結実すること（結果枝）です。

あんどん仕立ての成熟果房（シャインマスカット、萩浜園）

鉢・コンテナでの仕立て方は、あんどん仕立て、オベリスク仕立て、ポール仕立て、垣根仕立て、棚仕立てと多様ですが、結局はどれも、その年の新梢をどこから何本発生させ、それをどのような形にまとめるか、ということなのです。スペースや難易度を検討したうえで、仕立て方を選びます。

あんどん仕立て

数本の支柱に輪がついたフレームなどに新梢を誘引して巻きつけ、あんどん形に仕立てたものです。あんどん形は手製でもよいのですが、市販品（キウイフルーツ用など）を用いると便利です。

育てるスペースが限られている場合は、果樹用園芸鉢などでコンパクトにまとめられることから実用的な仕立てとして人気があります。10号鉢以上を想定し、手順（48ページの**図2－7**）を紹介します。

①植えつけ1年目・夏

植えつけ後に発生した新梢のうちで最もよいものを選び、約2mの支柱を使って真っすぐに伸ばします。それ以外の新梢はかき取ります。

②植えつけ2年目・冬～早春

枝を支柱から外し、あんどん支柱に二巻きして丸く束ね、余分な枝は切ります。

③植えつけ2年目・春～夏

新梢を3～4本選び、それ以外の新梢はかき取ります。選んだ新梢を、二巻きした前年の枝を隠すように誘引します。1新梢に1果房となるように摘房し、結実させます。

④植えつけ2年目・冬以降

2年目の冬以降はⒶの場合、伸ばした枝を選んで基部から2～3芽を残して切り返し、これを翌年の結果母枝としてあんどんの大きさを保ちます。

この方法で結実しますが、鉢植えは体力がないこともあり、毎年優れた果房を得るのは困難です。

Ⓑの場合、枝を基部まで2芽残して切り戻して更新します。結実は1年休みますが、この方法を行うならば数鉢用意し、更新のローテーションを組むようにすると毎年収穫できます。

Ⓐ、Ⓑともに古い根を少し切り、新しい用土に植え替えたりするリフレッシュ対策が必要です。

図2−7　あんどん仕立て

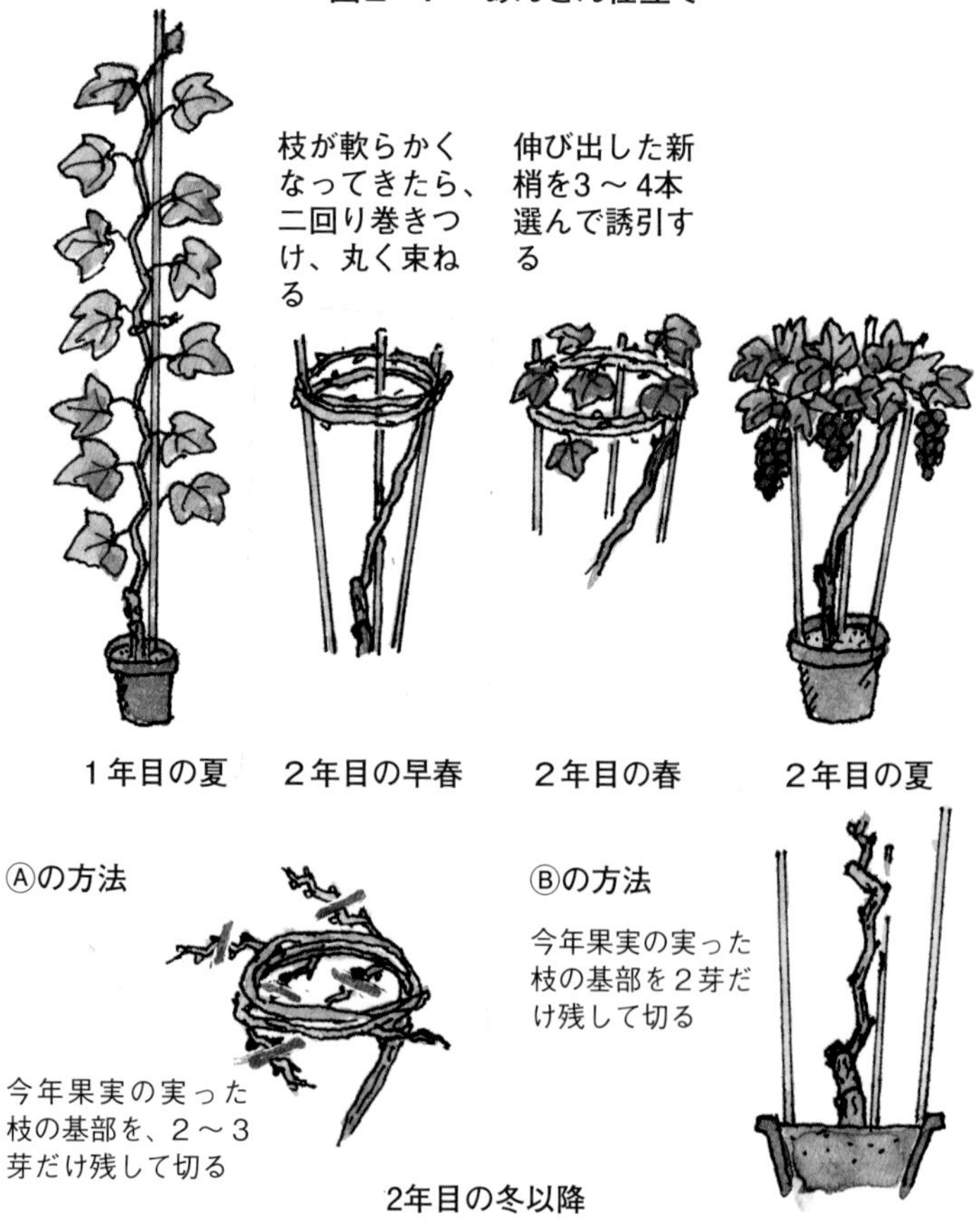
枝が軟らかくなってきたら、二回り巻きつけ、丸く束ねる
伸び出した新梢を3〜4本選んで誘引する
1年目の夏
2年目の早春
2年目の春
2年目の夏
Ⓐの方法
今年果実の実った枝の基部を、2〜3芽だけ残して切る
Ⓑの方法
今年果実の実った枝の基部を2芽だけ残して切る
2年目の冬以降

あんどん仕立て（誘引後）

オベリスク仕立て

オベリスクという細長い鳥かご状の丈夫な支柱に、枝をらせん状に誘引する仕立て方です。

さまざまなタイプのオベリスクが、ホームセンターなどで市販されています。10号鉢以上で高さ1〜1・5mのオベリスクを用います（**図2−8**）。

図２－８　オベリスク仕立て

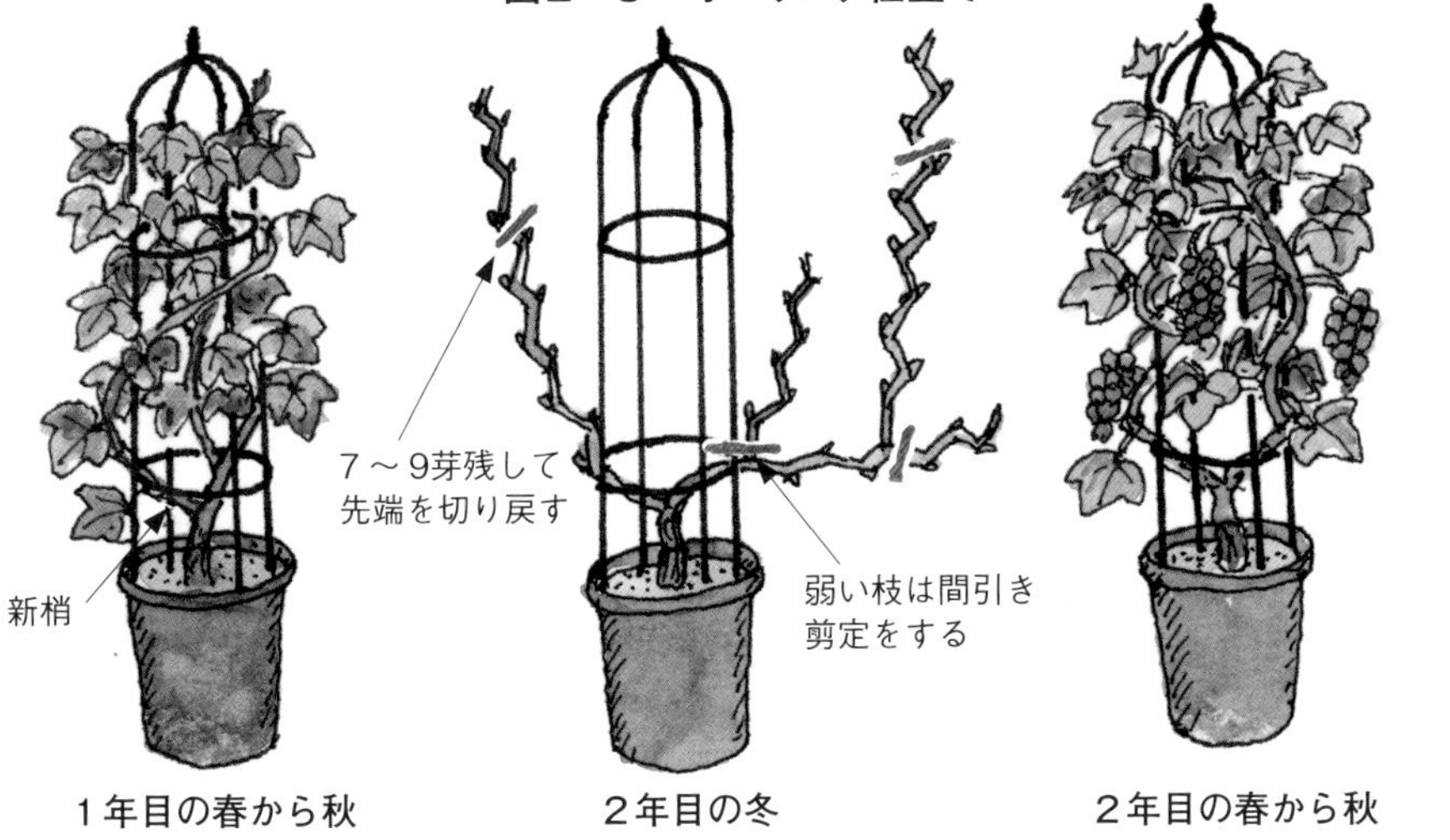

❶植えつけ1年目・春～夏

1年目に伸ばす新梢として、株元に近く太さが充実した枝2～3本を残し、用います。

❷植えつけ2年目・冬

可能だったら、いったん枝からオベリスクをはずし、7～9芽残して先端を切り戻します（長梢剪定）。さらに細い枝、弱い枝は間引き剪定をし、オベリスクを再び設置します。

その後、枝をオベリスクの支柱に誘引しますが、枝は春に上方に伸びるので、なるべく下側に誘引します。

❸植えつけ3年目・春～夏

春以降に伸びた新梢を間引き、3～4本とし、1新梢に1果房になるようにします。

なお、新梢から発生した巻きづるは見つけしだい、つけ根から切り取っておきます。

❹植えつけ3年目・冬以降

短梢剪定を繰り返します。

オベリスク仕立て（誘引後）

垣根仕立て（上方誘引）

垣根仕立ては支柱や支線を使用してブドウ樹を這わせる仕立て方ですが、支柱や支線の代わりにガーデニング用品として出回っているトレリスやラティスを使用することもできます。

市販品によるトレリス仕立ては、支柱を組んだりする手間もなく見た目もオシャレな感じになります。

垣根仕立てでの誘引には上方誘引、下垂誘引、平行誘引などがあります

図2－9　垣根仕立て（上方誘引）

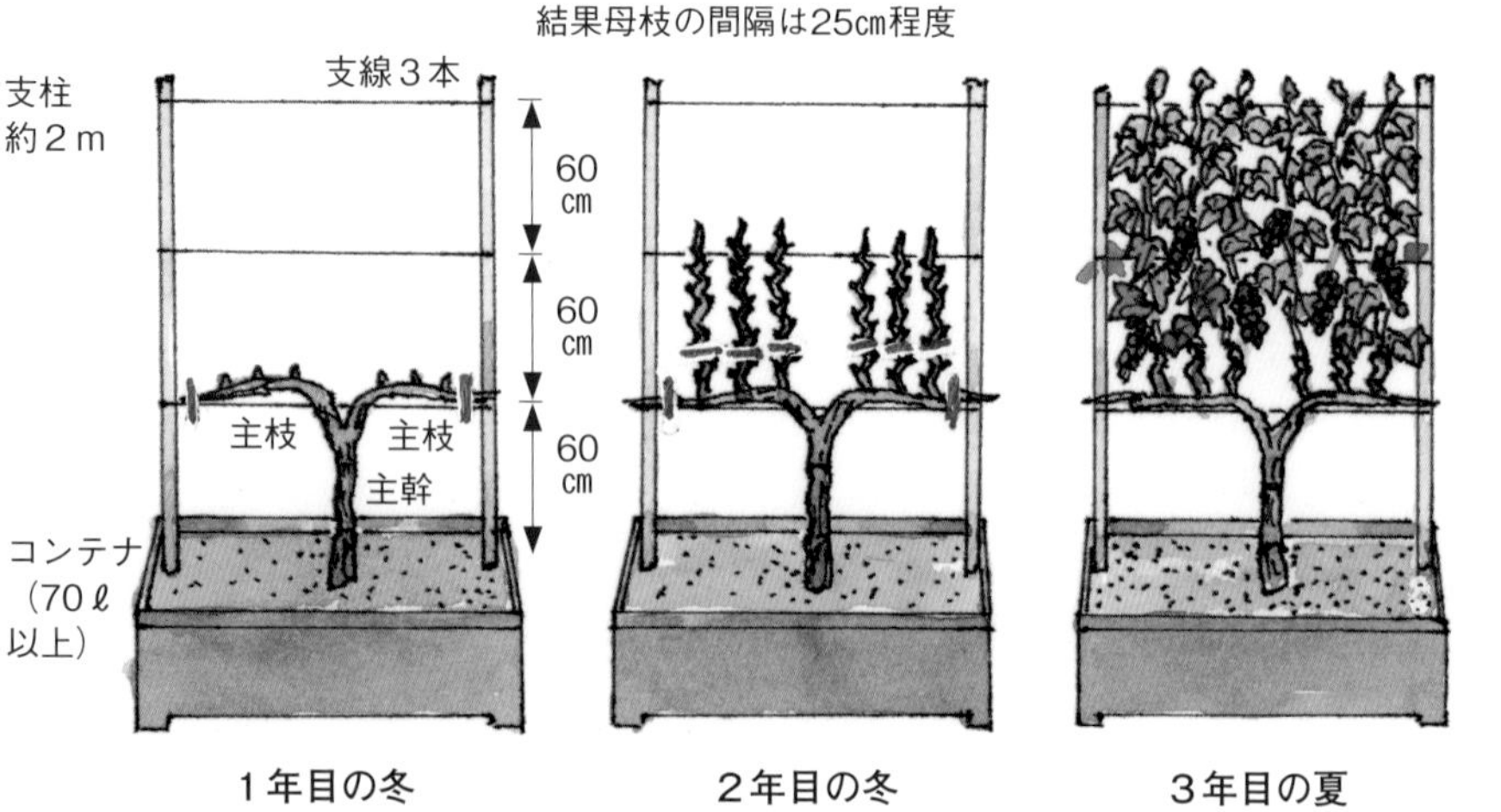

が、まず上方誘引による仕立て方（**図2－9**）を解説します。

なお、上方誘引は鉢・コンテナを軒下に置き、パイプを組んでネットを張り、ブドウ樹を窓際や壁面に這わせたりして緑のカーテンを演出することもできます。

❶植えつけ1年目・夏

植えつけ後に発生した新梢のうち充実した2本を選び（他の新梢は切除）、これを支線に左右に誘引します。

壁面に緑のカーテンをつくる（山梨県・甲斐市役所）

垣根仕立て（上方誘引）

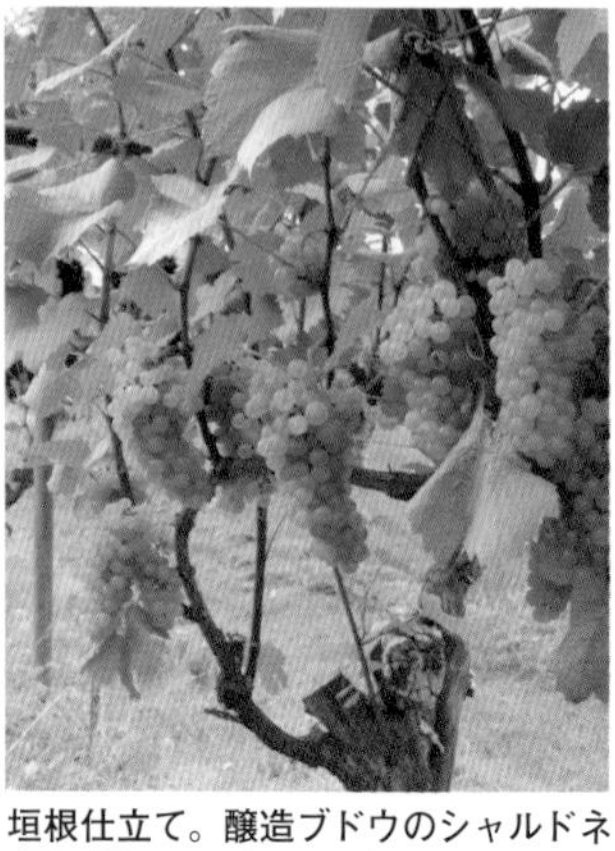
垣根仕立て。醸造ブドウのシャルドネ（展示圃。マンズワイン小諸ワイナリー）

❷植えつけ1年目・冬

誘引した枝の先端を3～4芽残して充実した部分で切り、主枝とします。

❸植えつけ2年目・夏

新梢を上方に誘引し、左右に伸びる主枝の延長枝を切断します。1新梢に1果房となるように摘房し、結実させます。

❹植えつけ2年目・冬

新梢を2～3芽残して切り返し、これを結果母枝とします。

❺植えつけ3年目・春～夏

図２－10　垣根仕立て（平行誘引）

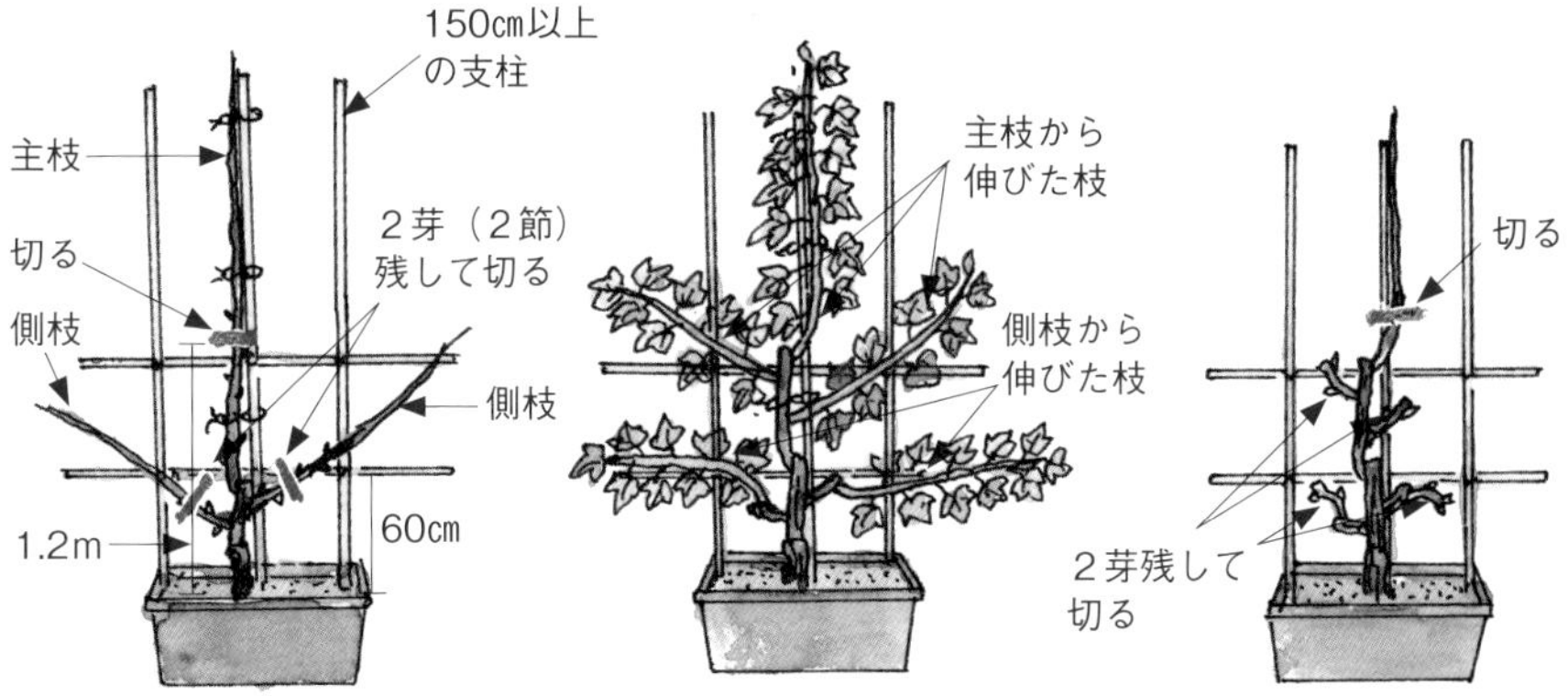

１年目の冬　　２年目の夏　　２年目の冬～春

春先に結果母枝から発生する結果枝を各1本にし、結実させます。本格的な収穫が可能です。

❻植えつけ3年目・冬以降

冬に結果枝の基部2～3芽を残して切り返し、翌年の結果母枝とします。結果母枝の間隔は、約30cmを目安にします。

垣根仕立て（平行誘引）

平行誘引の特徴

編者の経験上、管理しやすく収穫量も多いのが、水平に伸ばした主枝を目安として60＋60cm（高さ120cm）の2段（**図2－10**）、もしくは60＋60＋60cm（高さ180cm）の3段に仕立てる平行（パラレル）誘引です。

大きめのコンテナに植えつけ、1年で1段、2年で2段に仕立てていきます。最終形としてはブドウの倍数性や結果枝の間隔などにもよりますが、6～20房のブドウを収穫することができます。

また、いくぶん難度は高くなりますが、2段にして各段の新梢を左右に広げて4mにした場合、1段当たり16房をならせることができます。

上下の枝の高さの幅を60cmにしているのは、鉢・コンテナ栽培をするうえでは、それくらいの高さ幅にするのが最も効率よく果実がとれるからです。60cmより狭くするとブドウの果実が下

植えつけ直後の垣根仕立て（平行誘引）。ここではプランターの縁にも横の支柱を取りつけ、重心を安定させている

の枝に当たってしまうため、よい実がなりません。

3段までとしているのは、高さが2mを超えると管理がしにくくなるためです。初めて平行誘引に取り組んだり、ベランダなど高さの制限があったりする場合、2段で十分です。

仕立て方の手順

植えつけ時に苗木の支柱だけでなく、コンテナの両端に1本ずつ、計3本の支柱を立てておき、表土から60㎝ごとに2段ならば2本、3段ならば3本、これらの支柱に渡すように横向きの支柱を設置しておきます。

コンテナ両端の支柱は土に刺すのではなく、できればコンテナの左右にドリルで穴を開けてくくりつけるなどして、しっかりと固定させてください。

平行誘引（2段）。落葉後、主枝・側枝切除前

新梢が伸び、展葉

❶植えつけ1年目・夏

コンテナの左右方向に伸びている枝1本ずつを1段目（表土から60㎝）の横支柱に誘引、主幹から真っすぐ上に伸びている枝（延長枝）を真ん中の支柱に誘引し、この3本以外の新梢はすべて切除します。

横向きに枝を誘引する場合、いくらブドウの新梢が軟らかくても90度に曲げてしまうと裂けてしまうので、60㎝より少し下から伸びている新梢を斜めに誘引します。また左右の枝が出ている位置が近くても裂けてしまいやすいので、枝が出ている高さはずらしたほうがよいでしょう。

成熟果房（マスカットベーリーA）

❷植えつけ1年目・冬

落葉後、左右に伸ばした枝は2芽を残して切除します。延長枝は2段目の高さ（60＋60㎝＝120㎝）で切除します。

❸植えつけ2年目・夏

1年目と同じ要領で、1段目の左右、2段目の左右に1本ずつと、延長枝を誘引し、この5本以外の新梢はすべて切除します。1段目の左右の新梢に1果房ずつ（計2果房）結実します。

❹植えつけ2年目・冬

落葉後、左右に伸ばした枝は基部から2芽を残して切除します。延長枝は2段目の高さ（120㎝）で切除します。2段の場合は毎年これを繰り返し、新梢を広げたりして果房数を増やし、3年目から本格的な収穫ができます。

平行誘引（３段）

〈平行誘引・３段の場合〉

3段にする場合は1～2年目と同じ要領で、1段目の左右、2段目の左右、3年目に3段目の左右に1本ずつ、新梢を誘引します。また、これ以上上に伸ばさないので、延長枝は一芽残して切除します。

左右に伸びた6本の枝を枝ごとに毎年2～4芽を残して切り返し、3段仕立ての大きさを保ちます。高さは3段目まで、左右の幅はコンテナ幅の2倍程度の大きさまでを目安に止めておくのがよいでしょう。

図２－11　棚仕立て

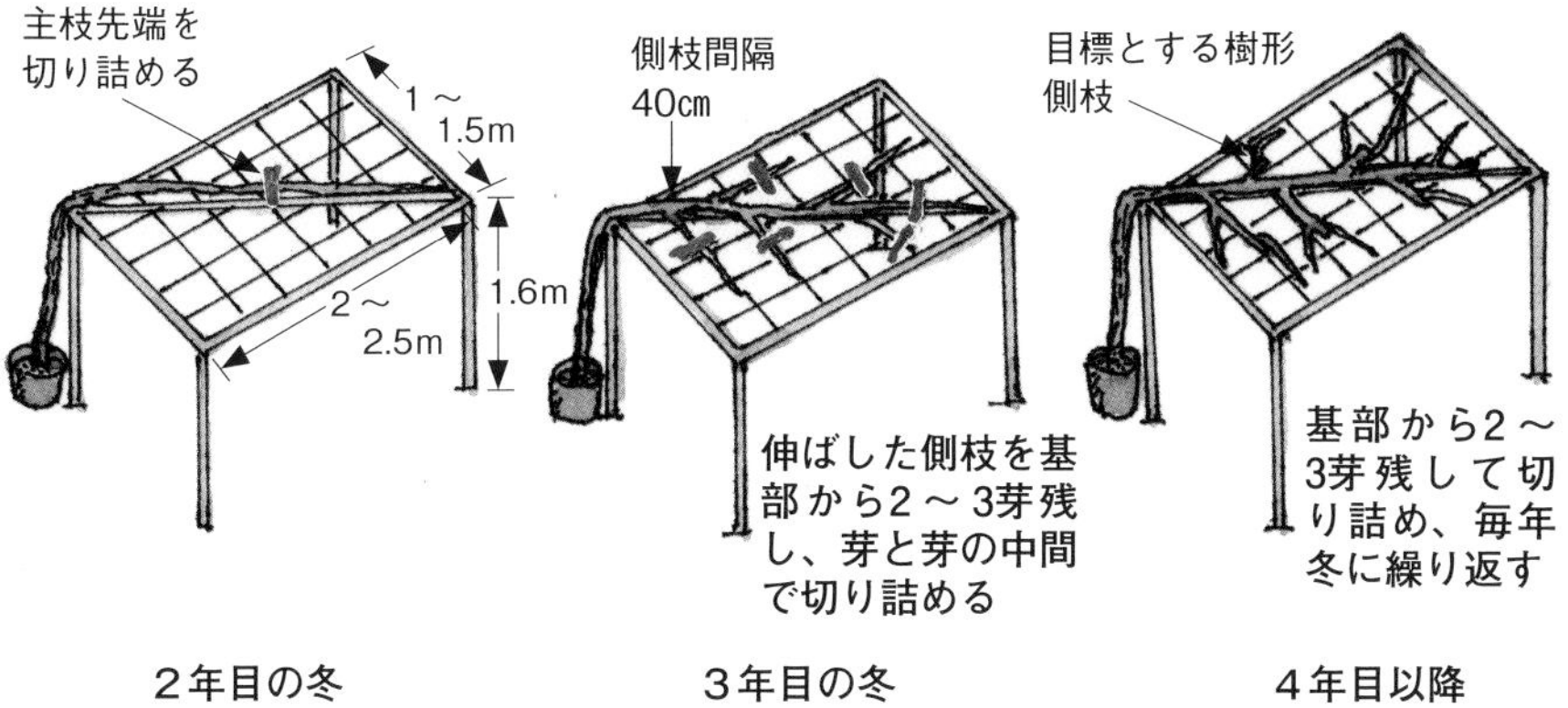

コンパクト棚仕立て

棚仕立ては温暖多湿な日本の風土、気候に適し、病害や裂果などを防ぐ独自の仕立て方として発展し、定着したものです。

現在でも果実の品質や樹勢コントロールのしやすさなどから生食用ブドウの経済栽培では主流ですが、近年はハウス内で果樹用大鉢やコンテナ、木製ボックスに植えつけて根域を制限し、早期成園化や品質向上をはかる栽培法が少しずつ普及しています。

広い敷地があれば地植えの棚仕立てでよいのですが、広さが限られた庭や

コンパクトな棚仕立て（第一ビニール）

市販キットによる棚仕立て。高さは地上部から180cm（第一ビニール）

図2－12　パイプ棚の組み立て例

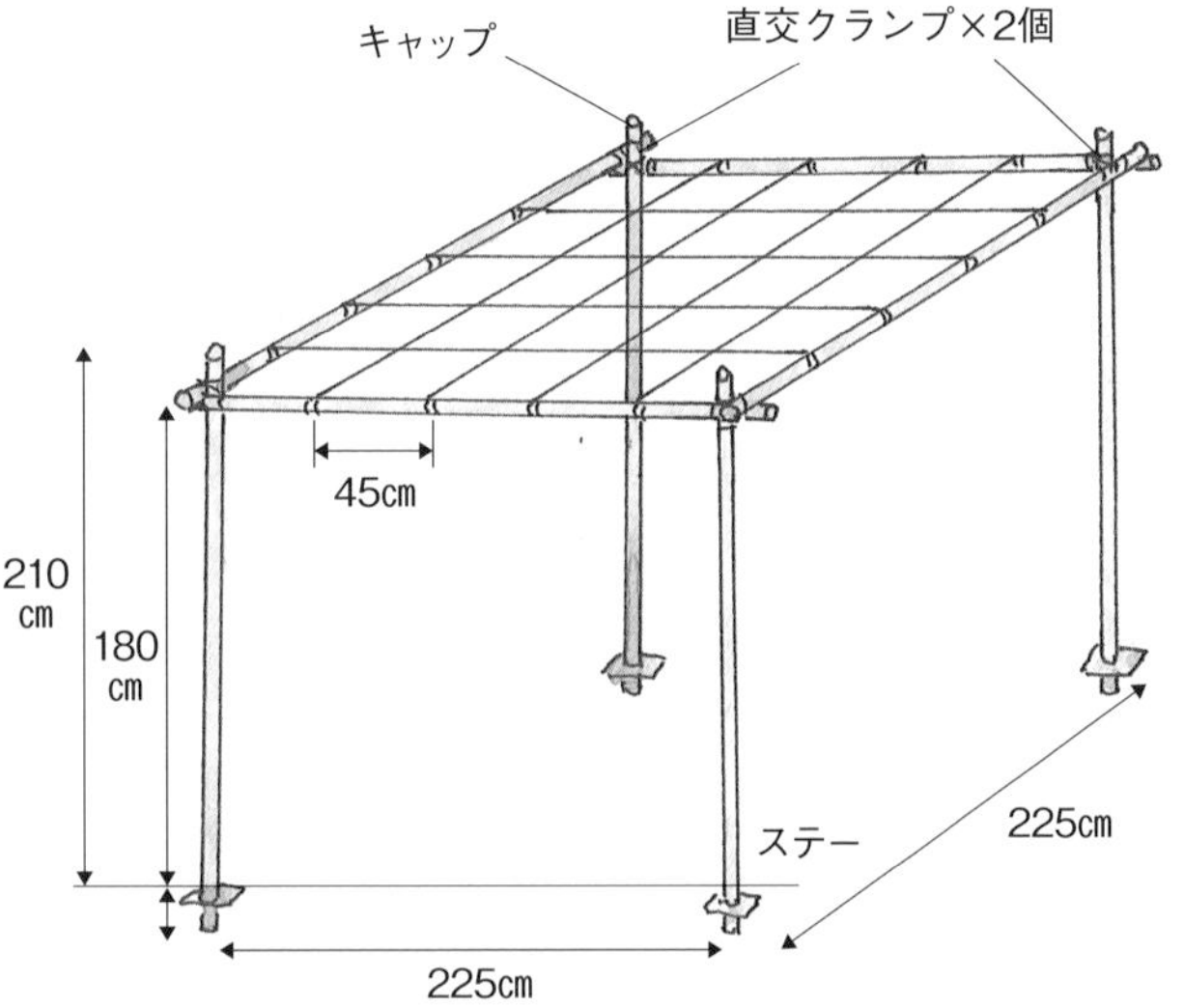

注：①棚の面積は5㎡。45cm間隔で小張り線を張り、固定する
　　②柱を埋め込まずにコンクリートの土台に設置する方法もある

庭先に設置した棚

屋上、ベランダ、軒下などでは立地条件を生かして鉢・コンテナ栽培によるコンパクト棚仕立てができます（**図2－11**）。

❶植えつけ1年目・夏

植えつけ後に発生した新梢を選び、棚上に誘引します。

❷植えつけ2年目・冬

2～3芽残して切り、結果母枝とします。主枝の充実した部分で切り返します。

❸植えつけ3年目・春～夏

春以降に伸びた新梢を間引き、3～4本とし、1新梢に1果房となるようにします。

❹植えつけ4年目・冬以降

側枝は2～3芽残して、芽と芽の中間で切り詰めます。これを繰り返します。

なお、参考までに自製のミニパイプ棚の組み立て例（**図2－12**）と市販の棚キットのサンプルを紹介します。

市販キット（第一ビニール）による組み立て例

図２−13　ポール仕立て

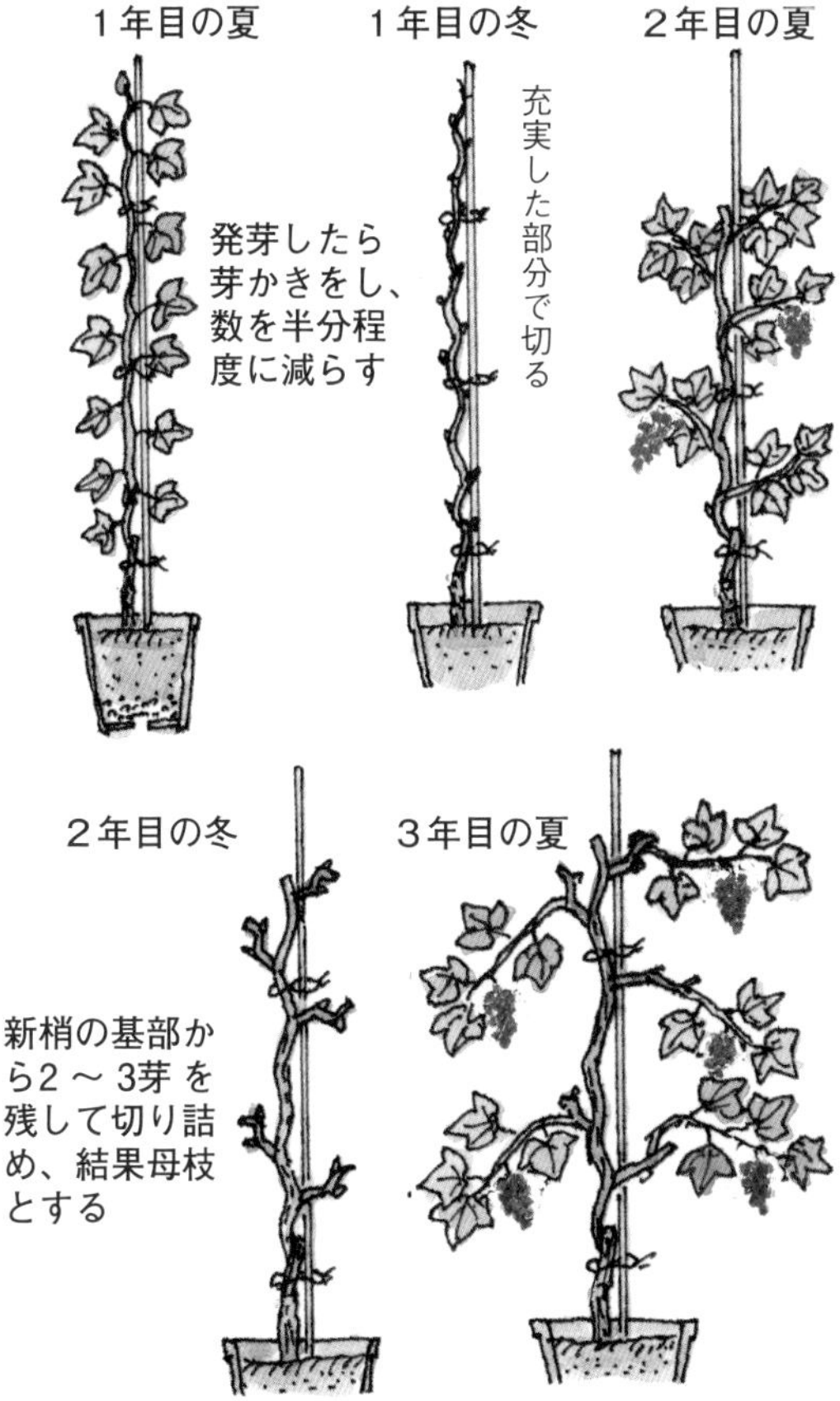
１年目の夏
発芽したら芽かきをし、数を半分程度に減らす
１年目の冬
充実した部分で切る
２年目の夏
２年目の冬
新梢の基部から2〜3芽を残して切り詰め、結果母枝とする
３年目の夏

ポール仕立て

ポール仕立て

あんどん仕立てやオベリスク仕立てと同様に、ちょっとした空間があればポール（棒）仕立てが可能です（**図２−13**）。風などで倒れないように、鉢の周囲にブロックやレンガを積んだりして工夫する必要があります。

❶植えつけ１年目・夏
植えつけ後に発生した新梢１本を選び、約２ｍの支柱１本を添え、ヒモで結んで真っすぐ伸ばします。

❷植えつけ１年目・冬〜早春
冬になったら枝先を充実した部分で切り戻します。春先になって発芽してきたら、芽かきをして数を半分程度に減らします。

❸植えつけ２年目・夏
主幹をしっかりとつくるため、結実は品種確認程度のつもりで１〜２房にとどめます。

❹植えつけ２年目・冬以降
果房をつけた枝もつけなかった枝もすべて２〜３芽に切り詰め、翌年のための結果母枝とします。１新梢に１房とし、５〜６房結実させます。以後、短梢剪定を繰り返します。

あると便利な道具・資材

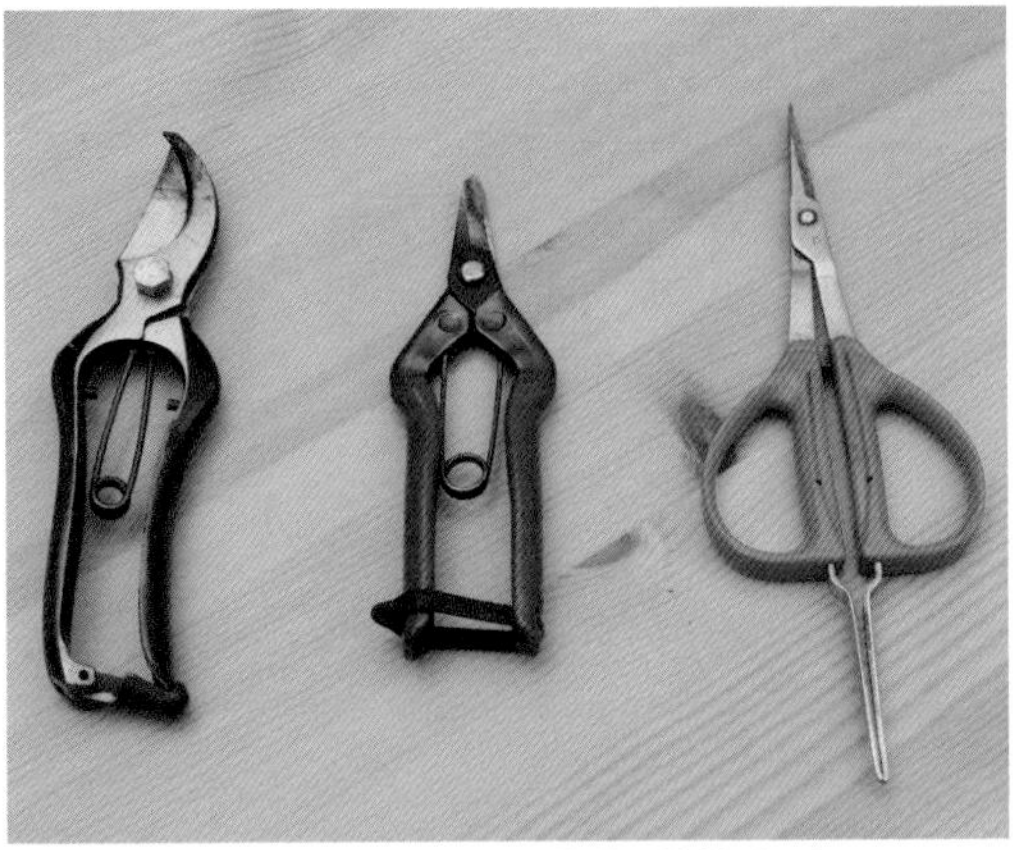

左から剪定バサミ、採果バサミ、摘花・摘粒バサミ

植えつけ・仕立て

スコップ、支柱、支線、ひも（テープナー、結束バンド）、じょうろ、赤玉土、仕立て方によっては、あんどん型支柱、トレリス、ラティス、オベリスクなど。

植え替え・根のリフレッシュ

根切り用のノコギリやハサミ、ギザ刃のついたスコップ、工業用電動ドリルなど。

必需品のじょうろ

ブドウの育成管理・収穫

剪定バサミ（手の大きさに合うハサミを選ぶ）、ブドウバサミ（刃が細長い摘花・摘粒バサミ。果房の整形や摘粒などは細かい作業になるため、なるべく細長いタイプが使いやすい）、剪定ノコギリ、ジベレリン水溶剤、ジベレリン処理用容器（プラスチックのコップなど。ペットボトルを切断した手製のものでもよい）、果実用カサ・袋、ホッチキス、糖度計など。

ジベレリン処理用コップ。左・1回目、右・2回目

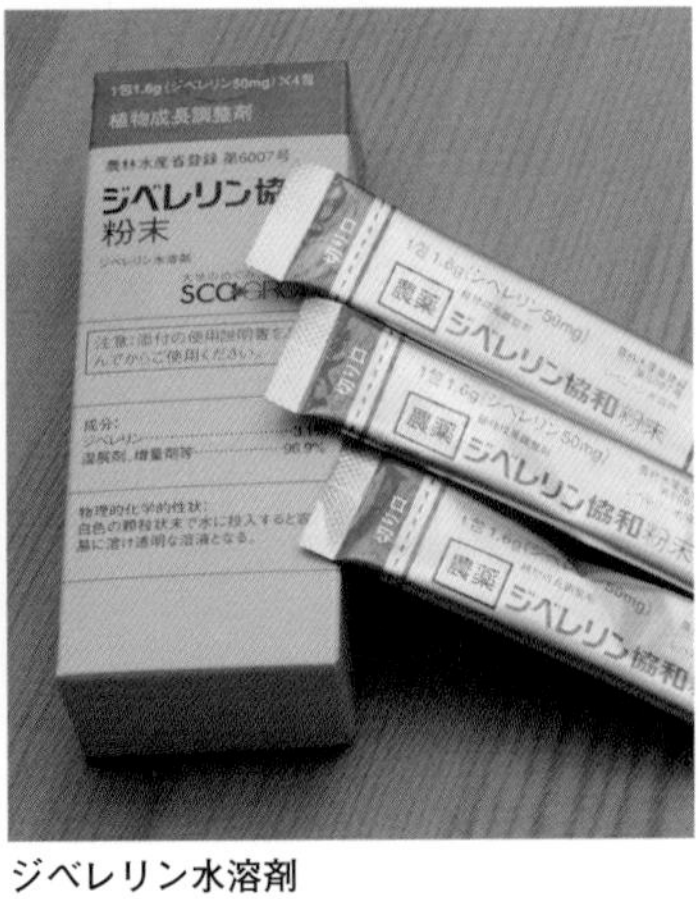

ジベレリン水溶剤

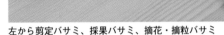

第3章

ブドウの生育と栽培管理のコツ

果粒肥大開始の垣根仕立て（平行誘引）

1年間の生育サイクルと作業暦

鉢植えブドウの生育状態と主な栽培管理・作業については**図3－1**（61～60ページ）で一覧できます。ここでは、まず生育ステージごとの状態について概観します。

春・初夏の生育状態

萌芽・展葉期

4月上旬～下旬　春先、気温が10℃を超えるようになると、ブドウの芽が膨らみはじめます。この芽は、前年の6月上旬～中旬から分化を始め、冬の休眠期をはさんで発芽を目指して発達してきたものです。

ブドウの芽は、一つの芽の中に花を咲かせる芽と、葉をつけ枝として伸びる芽が一緒になっており、混合芽と呼ばれます。発芽後、2～3週間で、新梢が伸びるに伴って次々と葉が展開されていきます。葉が3～4枚展開すると、花穂が現れてきます。

萌芽（園芸ネット）

結実（園芸ネット）

ブドウは、発芽から葉が6～7枚開く（展葉する）までは、前年までに枝や幹、とりわけ根に蓄えられた貯蔵養分によって成長します。特に花房の形や大きさ、花粒の数は、この貯蔵養分の多少によって決定します。

地下部では、地温が10℃を超えた頃に新根が発生し、15℃以上になると根の生育は活発化します。この頃がちょうど萌芽・展葉期にあたります。

新梢伸長期

4月～5月下旬　新梢は展葉後に急速に伸びはじめ、開花前までに1年間で伸びる長さの2分の1、3分の2程度は成長します。

開花・結実期

5月下旬～6月中旬　この頃から、成長は貯蔵養分よりも葉で新しくつくられた養分に頼るようになり、葉が12～13枚に展葉すると、開花が始まります。根の生育が旺盛な時期でもあり、この時期にいかに健全な根を生育するかどうかが、地上部の生育を左右することになります。また、この時期に翌年分の花芽の分化も始まります。

花房は、開花の10日前から活動が活発になり、開花中も伸び続けます。花房の真ん中から開花が始まり、上と下に開花が進んでいき、自身の花粉で受粉し結実します。花が咲き始めてから終わるまでは7～11日間で、開き始めてから3～5日で70～80％の花が咲き、満開となります。

花の満開期（巨峰）

開花後、果粒が肥大

夏の生育状態

果粒肥大期

6月中旬～8月下旬　落花してから果実が成熟するまでを果粒肥大期といいます。この時期は、葉でつくられる養分が樹の成長全体をつかさどるようになっています。細根が多く発生し、土壌中から養分や水分を激しく吸収する時期でもあります。

再び果粒が肥大（デラウェア）

果粒は、三つの成長過程を経て肥大していきます。

第Ⅰ期は、開花後30～40日間に急激に肥大する時期をいいます。この時期に日照が足りなかったり雨が多かったりすると、果粒の肥大不足や裂果の発生が多くなる傾向にあります。

第Ⅱ期は、第Ⅰ期後の2週間程度、肥大が停滞する時期のことです。種子が硬くなり、胚の成長が盛んな時期であり、硬核期ともいわれます。

第Ⅲ期は、第Ⅱ期後に果粒が急速に

成熟果房（瀬戸ジャイアンツ）

生育と主な栽培管理　（関東・関西を基準）

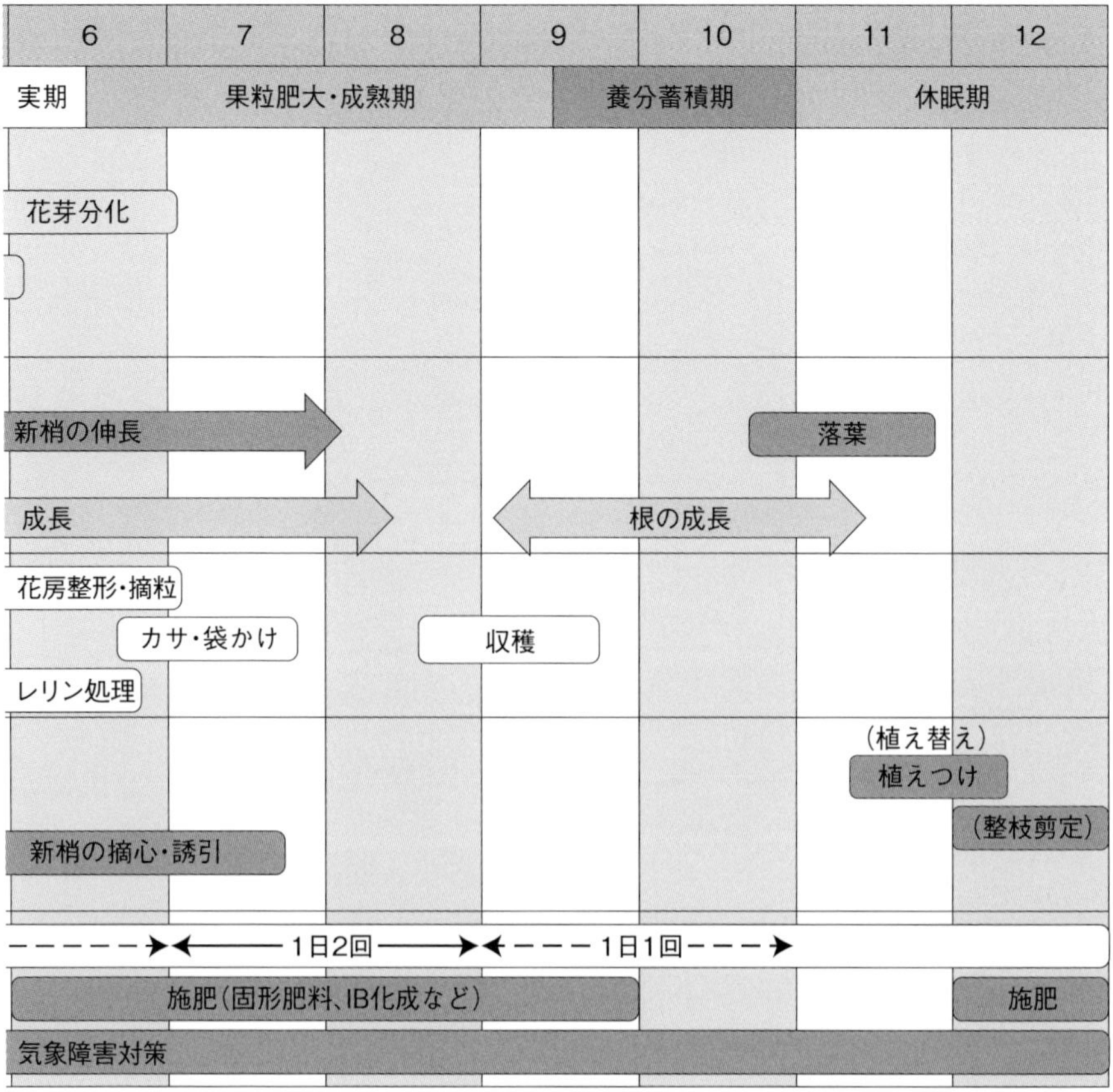

『図解よくわかるブドウ栽培』小林和司著（創森社）をもとに加工作成

丸鉢での垣根仕立て

軟化し、有機酸が減少して糖の蓄積が増え、熟成していく時期のことをいいます。果粒軟化期、水回り期とも呼ばれます。

夏・秋の生育状態

養分蓄積期

8月下旬～10月下旬　収穫が終わり、気温が次第に低下してくる頃には、新梢も伸びなくなっています。しかし葉は光合成を続け、新根も伸びており、しばらくは新しい養分をつくり続けます。これまで果粒の肥大に使われていた養分は、枝や幹、根に蓄えられる、貯蔵養分となります。貯蔵養分

図３−１　鉢植えブドウの

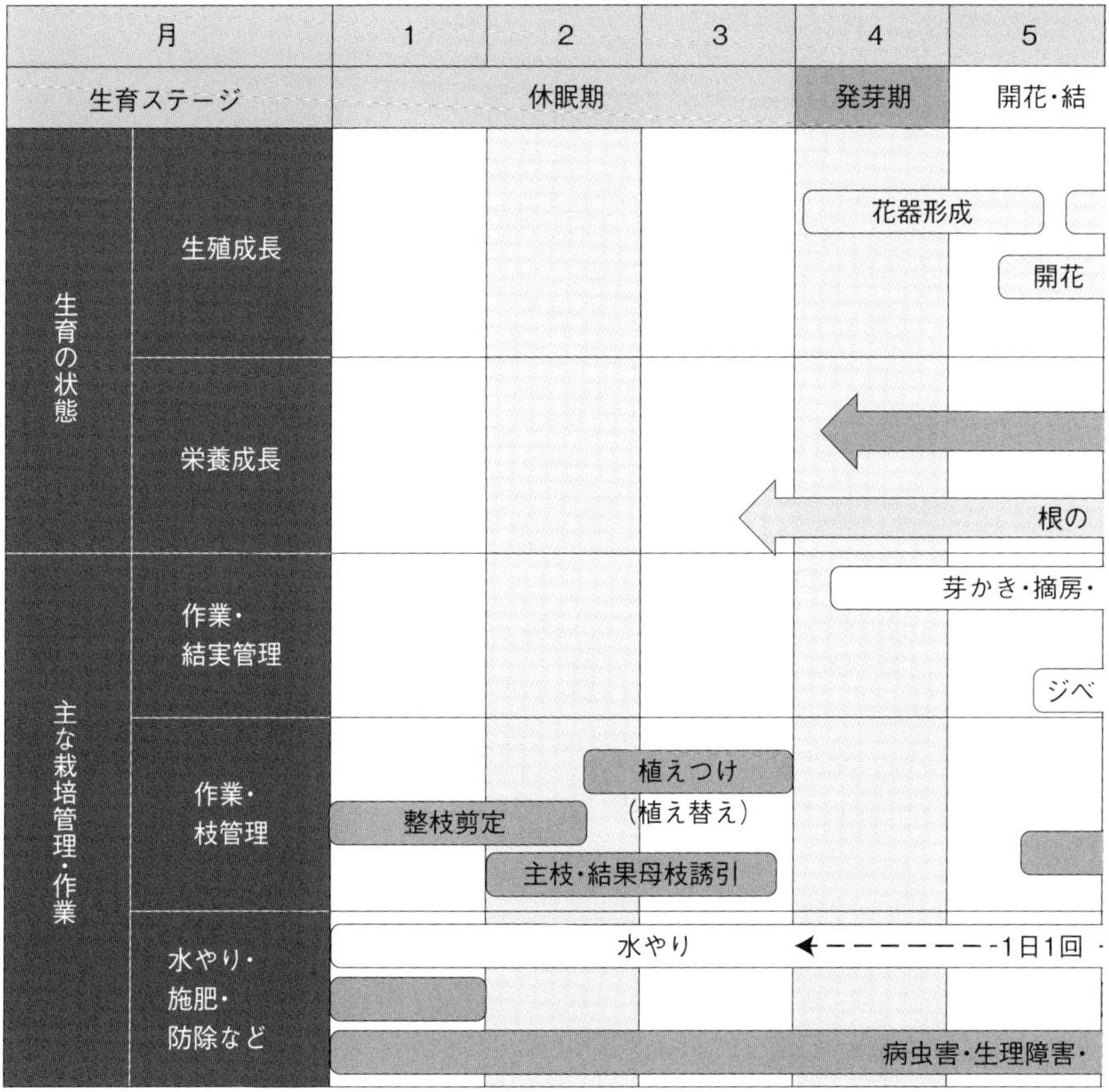

注：11〜3月の水やりは、乾き具合を見ながら１週間に１〜２回を目安に与える

は、これから訪れる冬を無事に過ごすための樹体の保護に、さらには来年の初期育成に使われることになるので、収穫が終わっても落葉するまではしっかりと管理することが大切です。

冬の生育状態

休眠期

10月下旬〜3月　健全な樹は、気温の低下とともに葉が黄変し、一斉に落葉します。落葉後も根は伸びますが、地温が12℃以下になると根の成長も止まり、休眠期に入ります。その後、品種にもよりますが低温に１５００〜２０００時間当たることで、翌年の発芽の準備が終わります。この時間が足りないと、暖かくなっても発芽しませんが、南西諸島を除く日本国内では野外であれば十分にこの時間はとれます。

新梢の芽かきのポイント（4～5月）

芽かきの目的と方法

新梢の芽かきの目的

春になると、気温の上昇とともに芽が膨らみ、葉が展開して新梢が伸び、花穂も現れます。

発芽した芽をそのままにしてしまうと、新梢が込み合って光が当たらなくなったり、風通しが悪くなるため病気になりがちです。また、ブドウは発芽から葉が6～7枚展開するまでは、前年までに樹に蓄えられた貯蔵養分によって成長し、とりわけ花房の形や大きさ、花粒の数は、この貯蔵養分の多少によって決定するため、この貯蔵養分が多くの芽に分散してしまうと、よい果実が実らなくなってしまいます。

芽かきは、弱い新梢や強過ぎる新梢をかき取り、新梢の勢いを揃えるための作業です。

早い時期に芽かきを行うと、残した芽に養分が集中し、生育を促進させる効果があります。しかし、この時期に芽をかき取り過ぎると、残した芽が勢いよく伸び過ぎてしまい、結果としてよい果実が実らないことになります。そのため芽かきは、新梢の勢いを確かめながら、2～3回に分けて行うとよいでしょう。

芽かき（副芽かき）のコツ

1回目の芽かきは、4～5月にかけて芽から本葉が2～3枚展開した頃に行います。このときには、副芽《ふくが》と不定《ふてい》芽《が》をかき取ります。

この時期の芽をよく見ると、一つの節から複数の新梢が発生しています。最初に発生し伸長している芽を主芽《しゅが》、その脇で遅れて発生している芽を副芽といいます。副芽は、主芽がなんらかの理由で成長できなかったときの予備として準備されたものです。この副芽を残しておくと、主芽の生育を妨げるので、なるべく早めにかき取るとよい

副芽かき

副芽かき（実施前）

副芽かき後の状態

芽かき

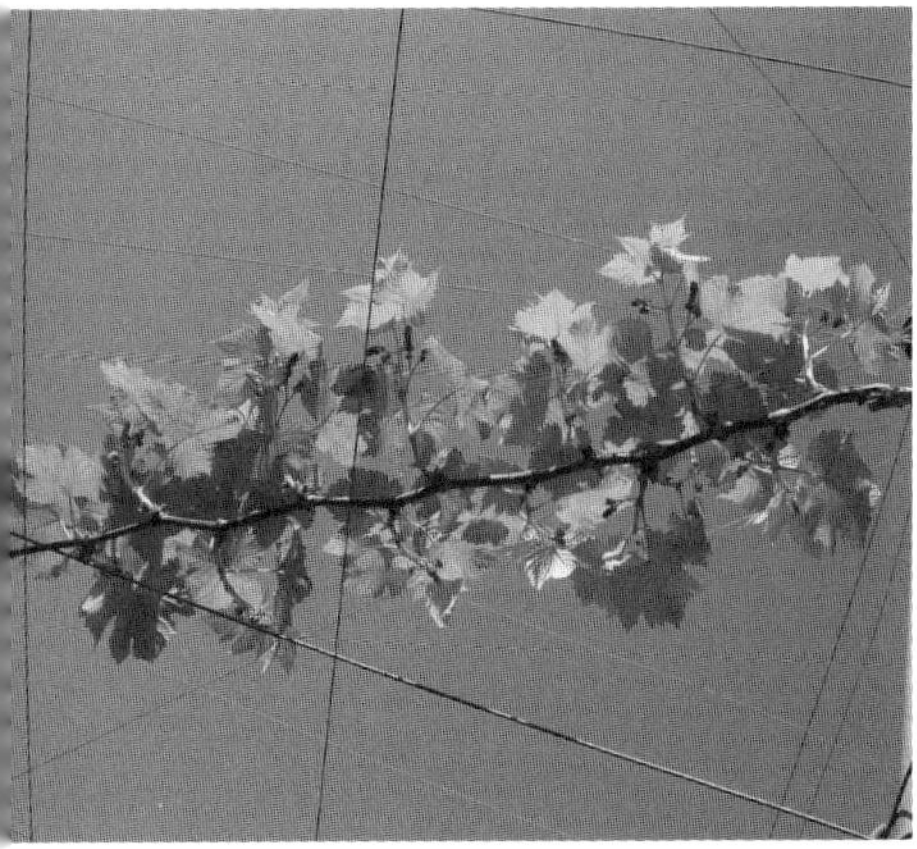

芽かき前

芽かき後の状態

図3－2　芽かきのポイント

2～3枚に展葉したら主芽だけ残し、副芽はかき取る

でしょう（**図3－2**）。

　また、ブドウは前年に伸びた枝（結果母枝）から伸びた新梢（結果枝）に実をつけますが、結果母枝以外から発生している芽を不定芽といいます。不定芽は樹勢が強くなりがちで、他の新梢の成長の妨げとなり、また、樹形が乱れる原因ともなるため、なるべく早めにかき取るようにします。逆に樹形を修正したいときには、この不定芽を積極的に残す場合もあります。

鉢・コンテナ栽培での留意点

　鉢・コンテナ栽培の場合は後述する短梢剪定が基本で、落葉後に前年の結果枝を2芽残して切り詰めるので、悩むほど多くの新梢が発生するわけではありません。仕立てている形に誘引しやすい新梢を選び、残りの新梢をかき取るのが現実的です。

　第2章で紹介している垣根仕立て（平行誘引）では、1年目には、1段目の横支柱に誘引する左右1本ずつと延長枝の計3本を残し、それ以外の新梢はすべてかき取っています。2年目には、1段目・2段目の左右と延長枝の計5本を残し、それ以外はすべてかき取っています。

　つまり鉢・コンテナ栽培においての芽かきは、仕立てに必要な新梢を選んで残し、それ以外は全部かき取る、と考えればよいでしょう。

新梢の誘引・摘心と副梢処理（5～7月）

誘引のコツと巻きひげ処理

新梢誘導の目的

2～3本残した新梢をまずは1本だけ残し、残りは切除します。このときに残した新梢を伸ばしたままにしておくと、風で折れてしまったり、巻きひげが絡まり合ってしまったり、日当たり具合もまちまちになってしまったりして、後の生育に支障をきたします。

そのため、仕立て方に応じて支柱や張り線に新梢を誘引して結びつけ、新梢それぞれに日が当たるように、かつ形よく仕立てるようにするのが、新梢誘導の目的です。

誘引の例。緩く結ぶ

新梢誘引のコツ

新梢が50～70㎝に伸びたら、支柱や張り線に結びつけます。誘引にはパン袋を閉じたりするワイヤータイ、ビニールタイなど使い勝手がよいものを用います。

ブドウの新梢は軟らかく曲がりやすいのですが、あまり無理に向きを変えようとすると折れてしまいます。例えば垣根仕立て（平行誘引）では、垂直に伸びた延長枝から伸びた新梢を90度倒し、水平方向に誘引しますが、いきなり90度に曲げてしまうと、折れたり基部から裂けたりしてしまいます。

そこで天気がよい日の日中、気温が上がって新梢が弛緩《しかん》ぎみのとき、片手で新梢のつけ根を持ち、もう一方の手で先端側を軽く捻《ひね》るように持ち上げるとスムーズな誘引ができます。

結びつける位置は、軟らかい新梢の先端ではなく、ある程度硬くなっている部分で、がんじがらめにしないで緩めに結びつけます。

誘引した新梢は、その後も伸び続けます。必要に応じて、30㎝間隔くらいで再び誘引し、結びつけます。

巻きひげの処理

新梢に展開された葉の反対側には、果房か巻きひげがつきます。巻きひげは、ブドウ自らがなにかにしがみつくために必要な器官ですが、しっかりと新梢誘引されていれば、巻きひげでしがみつく必要はありません。

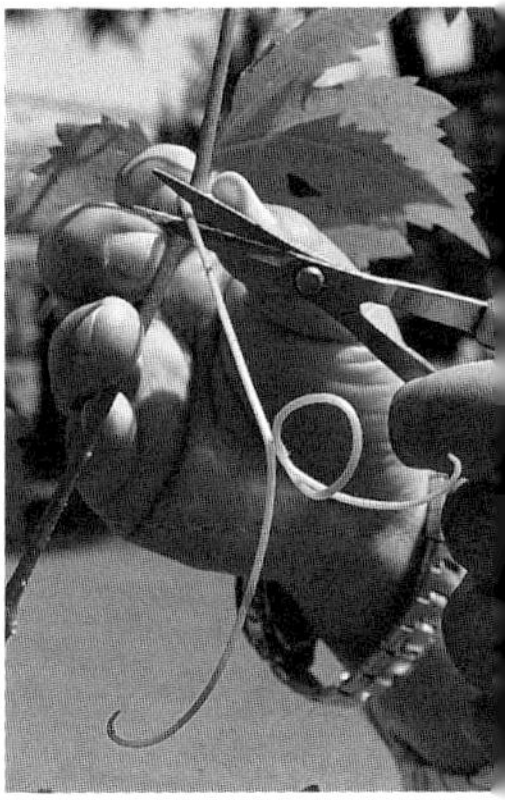
巻きひげを切り落とす。早い時期だとハサミを使わず、指で簡単に除去できる

巻きひげが伸びるために使われる多くの養分を有効活用するためにも、巻きひげは見つけたらできるだけ早くすべて切除します。

摘心のポイントと副梢処理

新梢の摘心の目的とコツ

ブドウ栽培農家では、開花直前に伸びている新梢の先端を軽く切除する摘心を行います。そうすることで、新梢が伸びていくために使われる養分が一時的に花穂に転流し、果粒のつきが多くなり、果粒も肥大するからです。

鉢・コンテナ栽培だと、新梢の長さは60～80㎝、葉の数は15～20枚が適当です（葉の数は、鉢・コンテナ栽培だと葉が小さくなるため、一般的なブドウ栽培の指導書に書かれている数の1・5倍程度と考えられます）。これくらいだと枝の充実もよく、よい果実ができます。新梢がこれ以上伸びている場合は、先端をハサミで切除します。

逆に、開花期になっても新梢が50㎝以下にしか伸びていない場合は、栄養不良が考えられます。

摘心

摘心前

切り落とす

摘心後の状態

副梢の処理

摘心を行った新梢からは、必ず副梢が発生します。副梢が長く伸び過ぎて他の葉の光合成を遮ってしまうような場合は、副梢の葉を基部から2枚を残してその先を切除しましょう。しばらくして再度副梢が発生してくるようなら、再び基部の葉を1枚残してその先を切除します。

副梢にも花穂がつきますが、本梢の花穂と養分競合を起こすので、副梢についた花穂は切除しましょう。

副梢切除

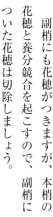

摘房・花房整形のポイント（5〜6月）

摘房・花房整形の目的

花房数、蕾数を調整

一つの新梢に発生する花房数は、デラウェアやサニールージュなどでは4〜5花房、巨峰やピオーネなどでは2〜3花房などと、品種によって異なります。鉢・コンテナ栽培での花房数は、その半分程度と考えます。

また、花房の大きさや蕾のつき具合も品種によって異なり、デラウェアのような小さな花房で蕾が200粒程度、巨峰やピオーネなどは500粒、ネオマスカットは1000粒を超える蕾が花房につきます。しかし、自然状態ではこの蕾がすべて結実するわけではなく、果粒になるのは20〜60％といわれています。果粒のでき具合も不揃いで、すべての果粒がおいしく食べられるわけでもありません。

ブドウは、その樹に見合った数より多い果実をならせてしまう結果過多になる果樹であり、樹の栄養分が、すべての蕾に十分にかつ均等に回せないからです。

できた果粒のすべてをおいしく実らせるために、その樹に見合った花房数、蕾数にコントロールすることが、摘房・花房整形の目的です。

花ぶるいを防止

また、開花期前に「花ぶるい」と呼ばれるブドウ特有の落蕾現象が起き、一つの房に蕾が数粒しか残らなくなってしまうことがあります。花ぶるいの原因は、極端な乾燥、低温や降雨、樹の栄養不良や窒素過多などもありますが、主な原因は蕾同士や新梢との養分競合です。摘房や花房整形、芽かきや新梢摘心は、花ぶるいを起こさせないための処置として有効です。

摘房のポイント

残すのは1〜2の花房

図3−3　摘房のコツ（大粒品種）

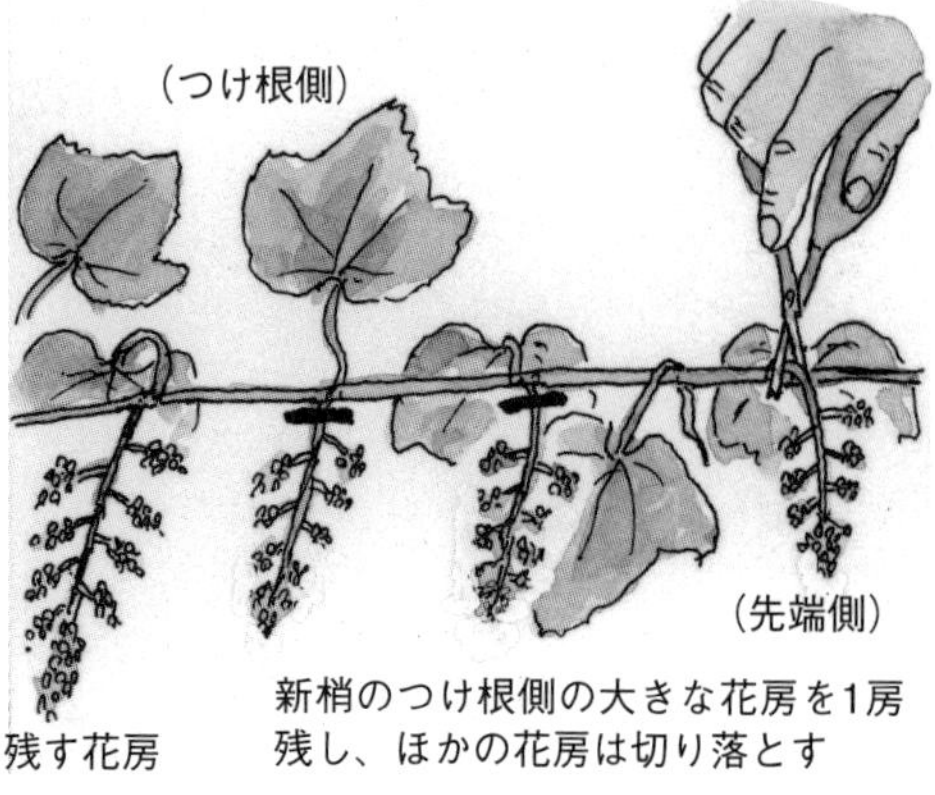

新梢のつけ根側の大きな花房を1房残し、ほかの花房は切り落とす

摘房とは、花房を間引いて1本の新梢に対する花房の数を制限する処理です。誘引する新梢が決まったら、なるべく早めに行います。鉢・コンテナ栽培の場合は、巨峰のような大粒の品種では一つの新梢に一つの花房を残し、あとは切除します。また、デラウェアのような小粒の品種では一つの新梢に二つの花房を残す程度にします。

ブドウ栽培農家では、品種によって摘房数を変えていますが、近年は省力化のために、鉢・コンテナ栽培の場合と同様に、一つの新梢に一つの花房と決めて摘房している農家も増えてきています。

摘房の時期とポイント

摘房の時期は、開花前の5月頃。新梢の先端側の花房から切り落とし、新梢のつけ根側の大きな花房を残します（図3－3）。

花房整形作業の基本

花房の形成と開花

ブドウの花房は、穂軸からいくつもの細かい軸（支梗）が出ていて、そこに蕾がつくことで形成されています。支梗は、最も基部に近いものを第1支梗、次を第2支梗といいます。また、花房が基部から二股になっていることがあり、大きいほうを主穂、脇から分岐しているものを副穂といいます。

花は一斉に開花するのではなく、花房の中央部あたりから咲き始め、上部・

摘房

摘房（花房を間引く）

摘房後の状態

花房整形

副穂を切り取る

先端を切り落とす

（花穂の切り詰め基準）

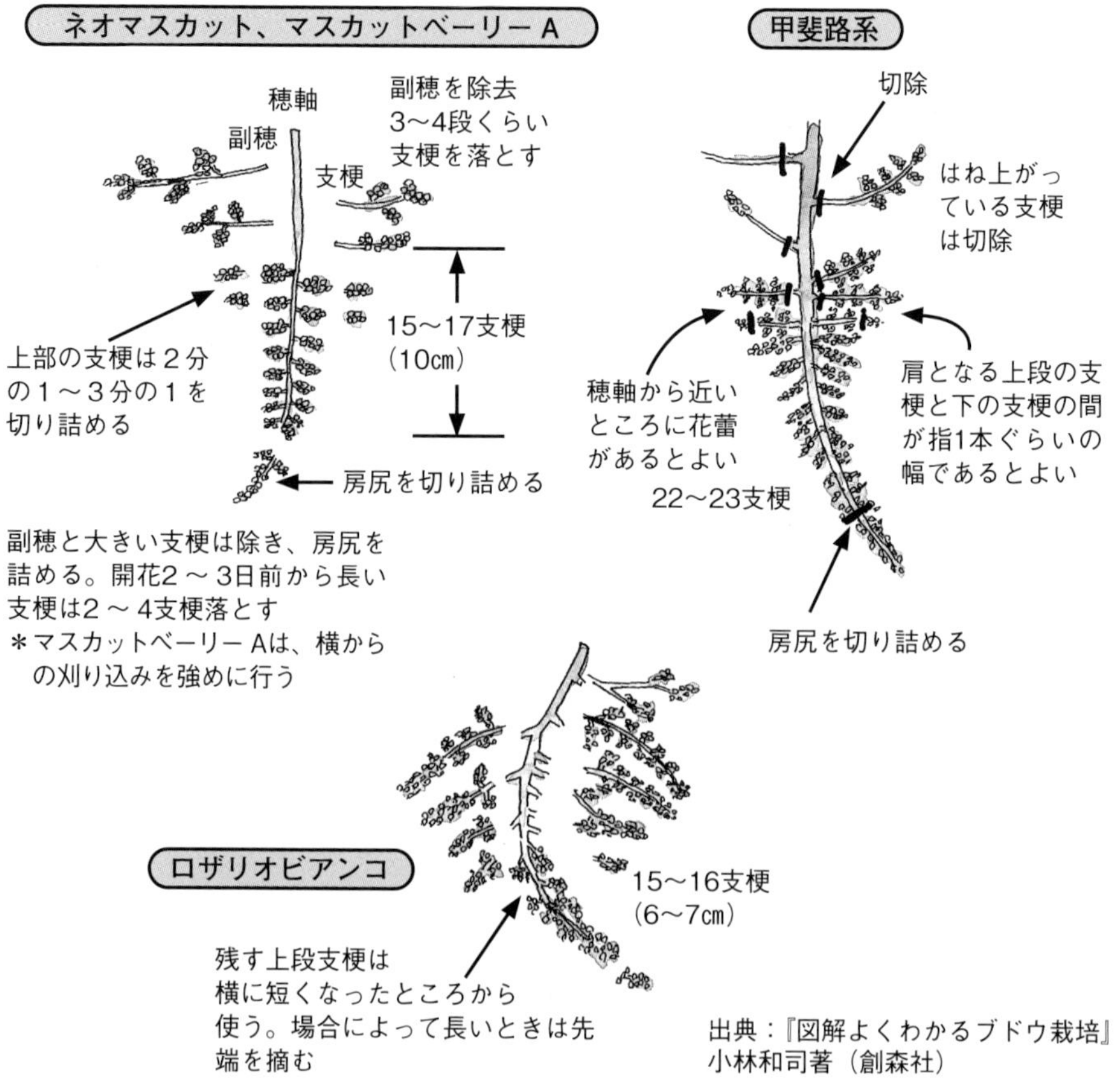
ネオマスカット、マスカットベーリーA
穂軸
副穂
副穂を除去
3～4段くらい
支梗を落とす
支梗
15～17支梗
（10cm）
上部の支梗は2分
の1～3分の1を
切り詰める
房尻を切り詰める
副穂と大きい支梗は除き、房尻を
詰める。開花2～3日前から長い
支梗は2～4支梗落とす
＊マスカットベーリーAは、横から
の刈り込みを強めに行う
甲斐路系
切除
はね上がっ
ている支梗
は切除
穂軸から近い
ところに花蕾
があるとよい
22～23支梗
肩となる上段の支
梗と下の支梗の間
が指1本ぐらいの
幅であるとよい
房尻を切り詰める
ロザリオビアンコ
15～16支梗
（6～7cm）
残す上段支梗は
横に短くなったところから
使う。場合によって長いときは先
端を摘む

出典：『図解よくわかるブドウ栽培』
小林和司著（創森社）

下部へと開花します。最後に副穂と呼ばれる肩の部分が咲きます。

普通品種の花房整形

花房整形作業の適期は、開花前から開花初期にかけての5月頃。副穂と第1支梗、第2支梗を切除し、また房先も切り詰めて10cm程度の房にします。それくらいの大きさに収めると、成熟期の花房は300～400gとなり、ほぼ適当な大きさの果房になります（**図3－4**）。

大粒品種の花房整形

慣行の房づくり

巨峰、ピオーネ、藤稔など、果粒1粒が10g以上になるような大粒品種は、ジベレリン処理をして種なし化するのが主流となっています。

　大粒品種を種なし化する場合は、主穂の下部を3～4cm残して、それ以外の副穂、支梗はすべて切除します。心

図3−4　花房整形

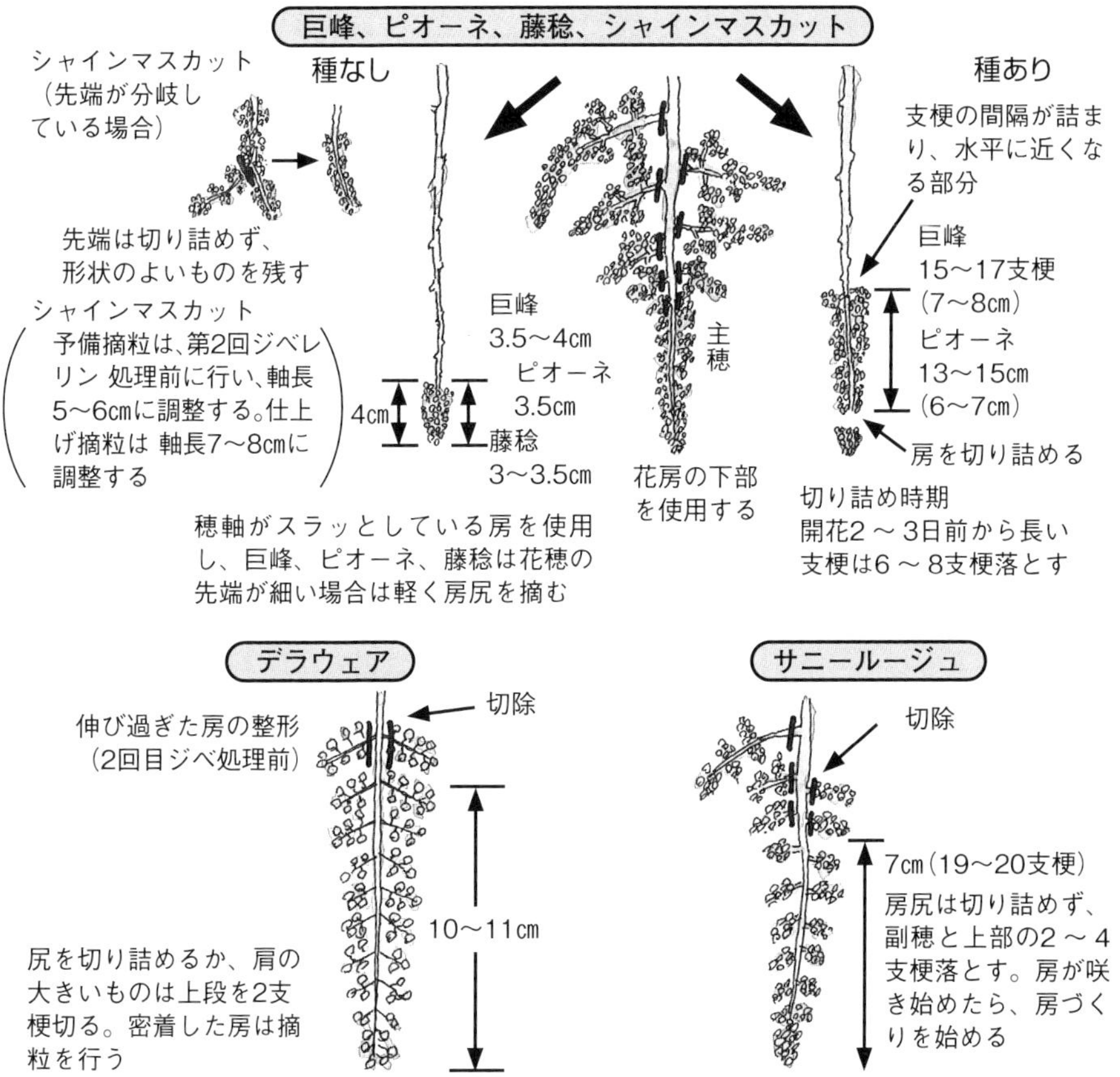
巨峰、ピオーネ、藤稔、シャインマスカット
種なし
種あり
シャインマスカット
（先端が分岐している場合）
先端は切り詰めず、形状のよいものを残す
シャインマスカット
予備摘粒は、第2回ジベレリン 処理前に行い、軸長5〜6cmに調整する。仕上げ摘粒は 軸長7〜8cmに調整する
4cm
巨峰
3.5〜4cm
ピオーネ
3.5cm
藤稔
3〜3.5cm
主穂
花房の下部を使用する
穂軸がスラッとしている房を使用し、巨峰、ピオーネ、藤稔は花穂の先端が細い場合は軽く房尻を摘む
支梗の間隔が詰まり、水平に近くなる部分
巨峰
15〜17支梗
（7〜8cm）
ピオーネ
13〜15cm
（6〜7cm）
房を切り詰める
切り詰め時期
開花2 〜 3日前から長い支梗は6 〜 8支梗落とす
デラウェア
伸び過ぎた房の整形
（2回目ジベ処理前）
切除
10〜11cm
尻を切り詰めるか、肩の大きいものは上段を2支梗切る。密着した房は摘粒を行う
サニールージュ
切除
7cm（19〜20支梗）
房尻は切り詰めず、副穂と上部の2 〜 4支梗落とす。房が咲き始めたら、房づくりを始める

配になるほど小さな房ですが、ジベレリン処理を行うことで穂軸が伸びるため、500〜600g程度の立派な果房になります。

ジベレリン処理を行わず種ありにする場合は、支梗の間隔が詰まり果軸に対して垂直に立っている部分まで支梗を切り下げ、また穂先も切り詰めて6〜8cmの房にします。

小房の房づくり

鉢・コンテナ栽培は、経済栽培のように販売するのではなく自家消費が主

整形後の花穂

図3－5　小房の花房整形（花穂の切り詰め目安）

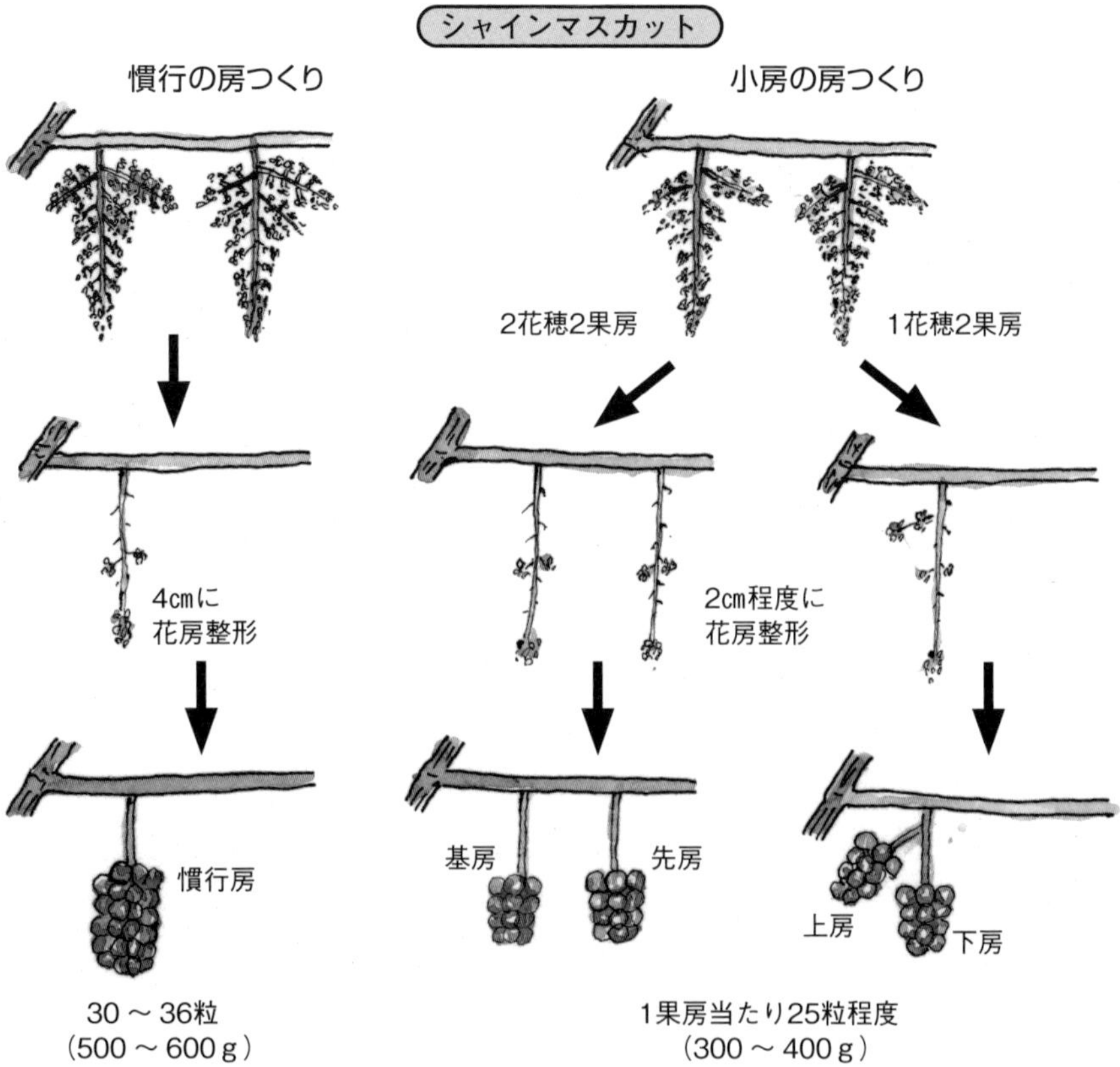

注：『「シャインマスカット」の栽培マニュアル』（大阪府環境農林水産部）をもとに加工作成

目的です。大粒品種であっても必ずしも慣行の房づくり（大房中心）にこだわらず、小房の房づくりを行うことができます。

小房の房づくりは、1果房当たり25粒程度（300〜400g）とします。シャインマスカットを例（大阪府環境農林水産部『「シャインマスカット」の栽培マニュアル』による）に、二つの花房整形の方法を具体的に紹介します（**図3－5**）。

2花穂2果房とする場合　1結果枝当たり2花穂に整え、それぞれ（基房、先房）の主穂先端を2cmずつ残す。

1花穂2果房とする場合　1結果枝当たり1花穂に整え、その主穂の先端（下房）と主穂上部の第1枝の先端（上房）をそれぞれ2cmずつ残す。

ジベレリン処理の基本（5〜6月）

ジベレリン処理の目的と方法

ジベレリン処理の目的

現在、青果店やスーパーに並んでいるブドウのほとんどは、種なし化されています。

ジベレリンには、高等植物の成長促進、開花促進、単為結果（受精を行わずに果実をつける）の誘起、果実肥大促進、熟期促進、花ぶるい防止、落果防止、発芽促進、花芽抑制など、多岐にわたる作用があります。

ジベレリン処理１週間後

ジベレリン処理の適期と回数

ジベレリン処理の適期は、花房整形後の5月から6月上旬〜中旬にかけてです。用意するものは、容器（プラスチックのコップなど）、ジベレリン水溶剤、食用色素（購入した薬剤についている）。

品種によってジベレリンに対する感受性の違いがあり、ジベレリンの使用時期や濃度は変わります。ジベレリン薬剤に添付されている説明書には、ほぼすべての品種が網羅されていますので参考にしてください。

また、ジベレリン処理の時期、回数、ジベレリン水溶液の希釈方法などについても説明書にわかりやすく解説してあります。

なお、ジベレリン処理は品種や目的により、1回（満開時から満開10日後までの間1回）行う場合と、2回（満開2週間前1回と満開2週間後の1回）行う場合があります。

鉢・コンテナでのブドウ栽培なので必ずしも種なし化にこだわる必要はなく、果粒肥大促進を目的として1回のジベレリン処理だけでも十分です。

2回処理の例

種なし化する場合は、ジベレリン処理は一般的に2回行います（**図3-6、表3-1**）。ジベレリン処理を行う前に、花房整形は済ませておくようにします。

欧米雑種4倍体・欧州種2倍体品種

欧米雑種4倍体品種には、巨峰、ピオーネ、安芸クイーン、翠峰、藤稔、悟紅玉、多摩ゆたかなどがあります。欧州種2倍体品種には、ロザリオビアンコ、瀬戸ジャイアンツ、紫苑、サニードルチェなどがあります。

ジベレリン処理

手づくりの容器内のジベレリン水溶液に花穂を浸す

図3－6　ジベレリン処理の例　（デラウェア）

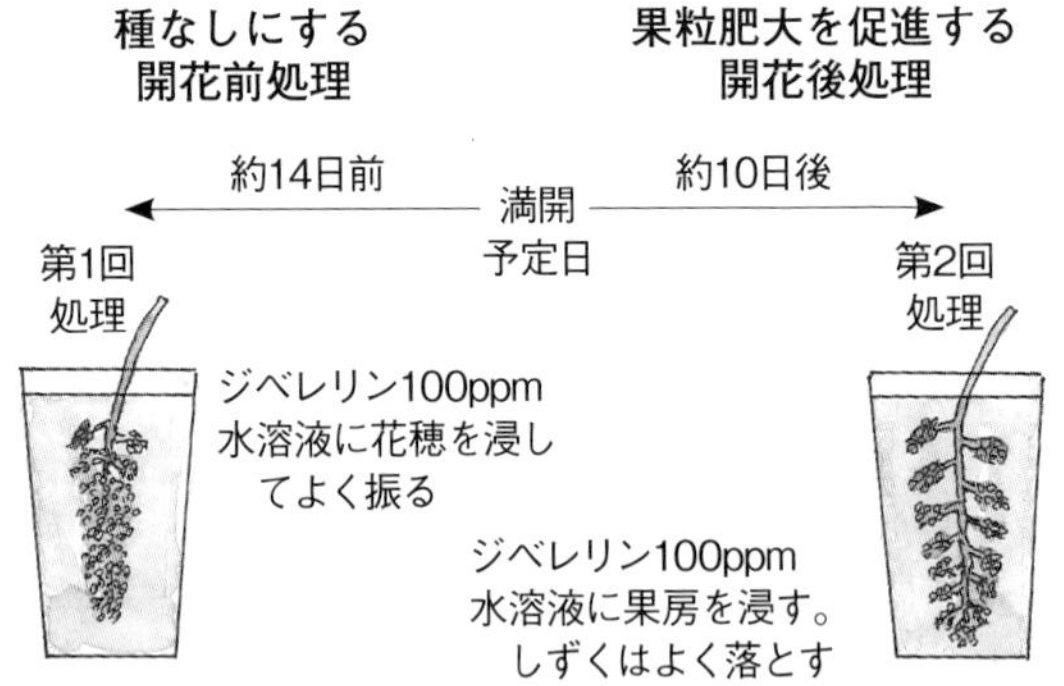

注：処理した房の満開日は、ふつうより3～4日早くなる

❶花房整形した房が満開になったときに、ジベレリン25ppmの水溶液に花穂を浸します。この処理によって種なしになります。

❷1回目の処理から10～15日後に、ジベレリン25ppmの水溶液に果房を浸します。この処理によって、果粒は肥大化します。

1回目ジベレリン処理直後の花穂

欧米雑種2倍体品種

欧米雑種2倍体品種には、デラウェア、マスカットベーリーA、シャインマスカット、オリエンタルスター、ノースレッドなどがあります。

❶満開予定の2週間前に、ジベレリン100ppmの水溶液に浸します。この処理によって種なしになります。満開予定の2週間前を見きわめるのは難しいのですが、花房の蕾の色が少し薄くなり、密集していた蕾の隙間が開きはじめた頃が適期と判断してもよいでしょう。

また、10～11枚目の葉が展開した頃が、だいたい満開予定の2週間前となります。

❷処理した花房が満開になって10日後に、ジベレリン100ppmの水溶液に浸します。この処理によって、果粒は肥大化します。

なお、経済栽培ではシャインマスカットなどはジベレリン処理だけでは種子が抜けにくいこともあり、万全を期して種なし化の補助剤として植物成長調整剤（ストレプトマイシンの開花前散布）を併用することが多くなってい

表３−１　ジベレリン処理の目的と方法

<table>
<tr><th rowspan="2">使用目的</th><th rowspan="2">品種・グループ</th><th colspan="2">１回目</th><th colspan="2">２回目</th></tr>
<tr><th>使用時期</th><th>濃度</th><th>使用時期</th><th>濃度</th></tr>
<tr><td rowspan="4">無種子化・
果粒肥大促進</td><td>２倍体米国系品種
（ヒムロッドシードレスを除く）</td><td>満開予定日14日前</td><td>100ppm</td><td>満開後約10日後</td><td>75〜
100ppm</td></tr>
<tr><td>２倍体欧州系品種</td><td>満開〜満開３日後</td><td>25ppm</td><td>満開10〜15日後</td><td>25ppm</td></tr>
<tr><td>３倍体品種
（キングデラ、ハニーシードレスを除く）</td><td>満開〜満開３日後</td><td>25〜
50ppm</td><td>満開10〜15日後</td><td>25〜
50ppm</td></tr>
<tr><td>巨峰系４倍体品種
（サニールージュを除く）</td><td>満開〜満開３日後</td><td>12.5〜
25ppm</td><td>満開10〜15日後</td><td>25ppm</td></tr>
<tr><td rowspan="4">果粒肥大促進
（有核）</td><td rowspan="2">２倍体米国系品種
（キャンベルアーリーを除く）</td><th colspan="2">使用時期</th><th colspan="2">濃度</th></tr>
<tr><td colspan="2">満開10〜15日後</td><td colspan="2">50ppm</td></tr>
<tr><td>２倍体欧州系品種
（ヒロハンブルグを除く）</td><td colspan="2">満開10〜20日後</td><td colspan="2">25ppm</td></tr>
<tr><td>巨峰、ルビーロマン、
ハニービーナス</td><td colspan="2">満開10〜20日後</td><td colspan="2">25ppm</td></tr>
</table>

＊平成25年４月現在の適用表から抜粋（『図解よくわかるブドウ栽培』小林和司著、創森社より）
＊下記の「品種による区分」に記載のない品種に対してジベレリンを初めて使用する場合は指導機関に相談するか、自ら事前に薬効薬害を確認したうえで使用すること。
２倍体米国系品種：「マスカットベーリーＡ」「アーリースチューベン（バッファロー）」「旅路（紅塩谷）」
２倍体欧州系品種：「ロザリオビアンコ」「ロザキ」「瀬戸ジャイアンツ」「マリオ」「アリサ」「イタリア」「紫苑」「ルーベルマスカット」「ロザリオロッソ」「シャインマスカット」
３倍体品種：「サマーブラック」「甲斐美嶺」「ナガノパープル」「キングデラ」「ハニーシードレス」
巨峰系４倍体品種：「巨峰」「ピオーネ」「安芸クイーン」「翠峰」「サニールージュ」「藤稔」「高妻」「白峰」「悟紅玉」「多摩ゆたか」「紫玉」「黒王」「紅義」「シナノスマイル」「ハイベリー」「オーロラブラック」

ます。

ブドウ本来の味を生かす

ジベレリン処理は、例えばデラウェアのように粒が小さ過ぎて食用としてはお粗末だった品種を一躍主役に押し上げたり、3倍体品種のようにそもそも肥大化しない品種を食用にするなど、見栄えや収量で劣っていた多くの品種を救ってきました。

しかし一方で、2回のジベレリン処理をすることで本来の香りや味、食味は薄れてしまう傾向にあり、2回処理の有無で別品種のようになってしまうものもあります。

そこで、ジベレリン処理は満開時から満開10日後までの間1回にとどめ、花ぶるいのない種子は1〜2粒残ることがあるとはいえ、ブドウ本来の味を生かし、楽しむことができます。

摘粒作業のポイント（6～7月）

摘粒の目的・時期と方法

摘粒の目的

特に粒の大きい品種では、果粒が肥大するとともに果粒同士がくっつき合ってしまい、裂果の原因になります。そうならないように、込み合っている果粒を間引く作業を「摘粒」といいます。また摘粒によって1果粒が肥大する大きさ、果房の大きさを調節することになり、それが結果過多の防止にもなります。

摘粒

経済栽培では、バランスよく摘粒して商品として美しい形に仕上がるようにすることも摘粒の目的の一つですが、鉢・コンテナ栽培の場合は、果粒や果房の大きさの調節を主体とするのがよいでしょう。形がどんな様子でも、まずはおいしいブドウを実らせることが一番です。

摘粒の時期

ブドウの管理作業の中で、最も手間がかかる作業が、摘粒です。果粒肥大期に入ると、果粒は急激に大きくなるので、限られた時間内で摘粒作業を終える必要があります。

落花後2週間目くらいになると、果粒の大きさが大豆くらいになり、果粒の良し悪しの判別がつくようになります。この時期に行うとよいでしょう。なるべく早く摘粒を行うことで、果粒肥大を促すとともに、これまで抑えていた新梢の伸長を促します。摘粒が遅れると果粒が込み合い、作業がしにくくなってしまいます。

仕上げ摘粒後（巨峰）

摘粒のコツ

まずは、形のよい果粒、支梗のしっかりした果粒を残し、極端に小さい果粒や内側に向いている果粒、傷がついている果粒、一部表面がコルク状にザラついているようなサビ果、裂果している果粒、ジベレリン処理して種なし化したにもかかわらず種子が入っている果粒などを間引きます(**図3－7**)。

摘粒の仕方には、不要な果粒を1粒ずつ落とす「粒抜き」、支梗ごと落とす「段抜き」、それらを組み合わせた方法があります。摘粒は、支梗のつけ根から切り取るようにしましょう。支梗が残っていると、肥大した果粒が劣化する原因になります。

将来、肥大する果粒の大きさを想定し、果粒同士の間隔が十分に確保できるように思いきりのよい摘粒をすることが、おいしくて美しいブドウを実らせるコツです。

図3－7　仕上げの摘粒

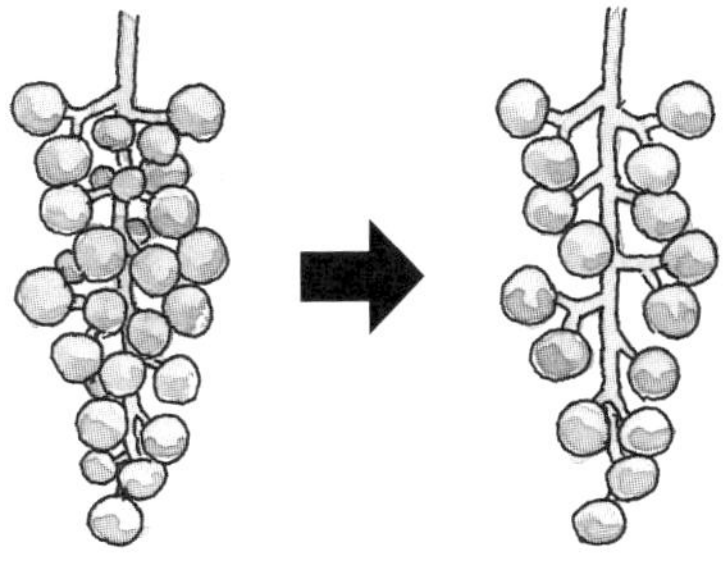

生育の悪い粒を間引いてすきまをつくり、残った粒が大きく育つようにする

品種による摘粒の目安

大粒品種の摘粒

1果粒が13～20gの大きさになる巨峰系4倍体品種(巨峰やピオーネなど)は、1房当たり30～36粒を目安に残すように摘粒します(**図3－8**)。

図3－8　巨峰系品種の摘粒の目安

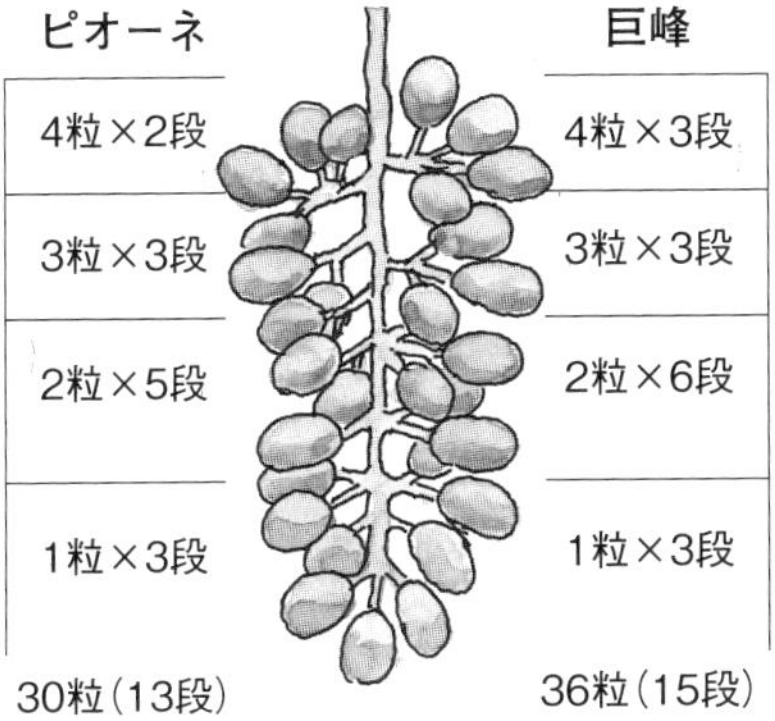

果房重500gを目標とする場合は、軸長が約7cmになるので、ジベレリン処理によって房が伸び過ぎている果房は、上部の支梗を切り下げるか、房尻を切り上げるかして調節します(種ありでジベレリン処理をしていないものは、果房整形の段階で7cm程度にしておく)。そのうえで、軸長1cm当たり5粒を目安に摘粒すると35粒になり、コロッとした美しい房に仕上がります。

シャインマスカットの摘粒

シャインマスカットも巨峰系大粒品種同様に、慣行では1房当たり30～36粒を目安に摘粒します。収穫時には、果房は500～600gに仕上がります。

特にシャインマスカットは、大きな房にすると果房内の果粒間の糖度差が大きくなり、また糖度も上がりにくくなるため、軸長と粒数は大粒品種と同様にします(**図3－9**)。

図3－9　シャインマスカットの摘房、摘粒（慣行）

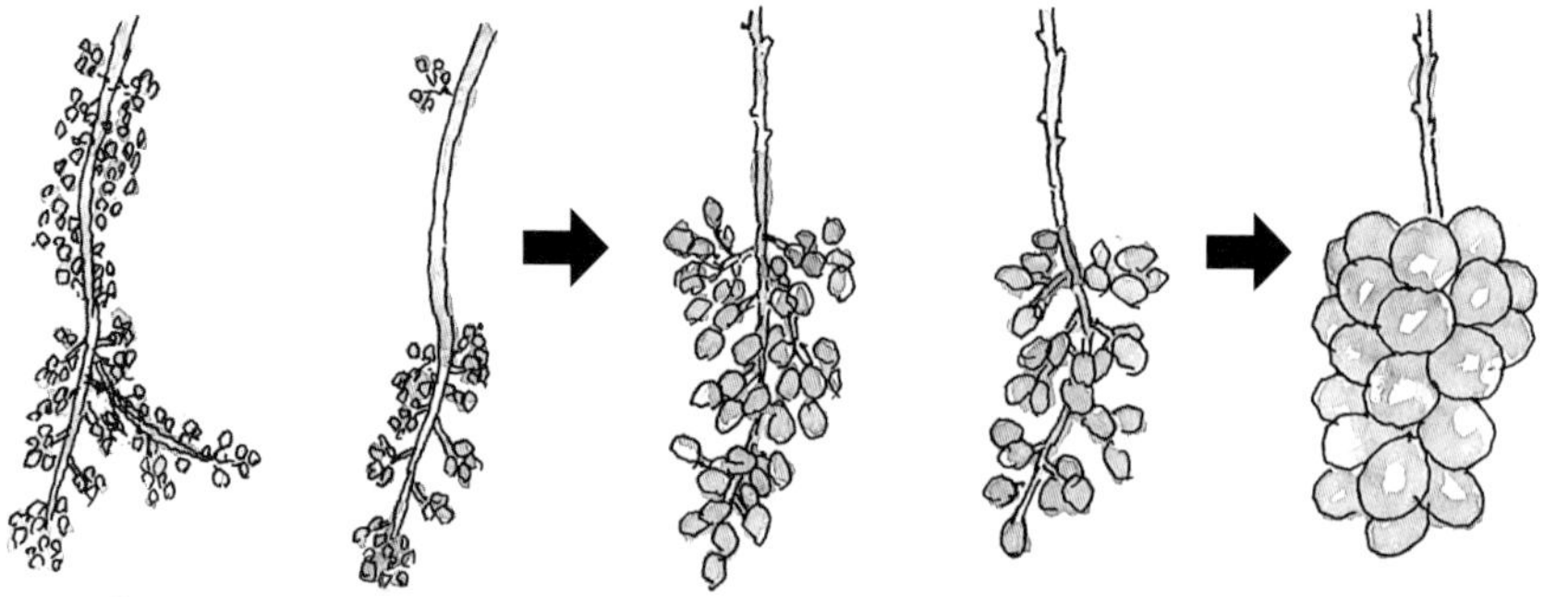

①房づくりの前（左）と後　②摘粒の前（左）と後　③果房の仕上がり

シャインマスカットの摘粒

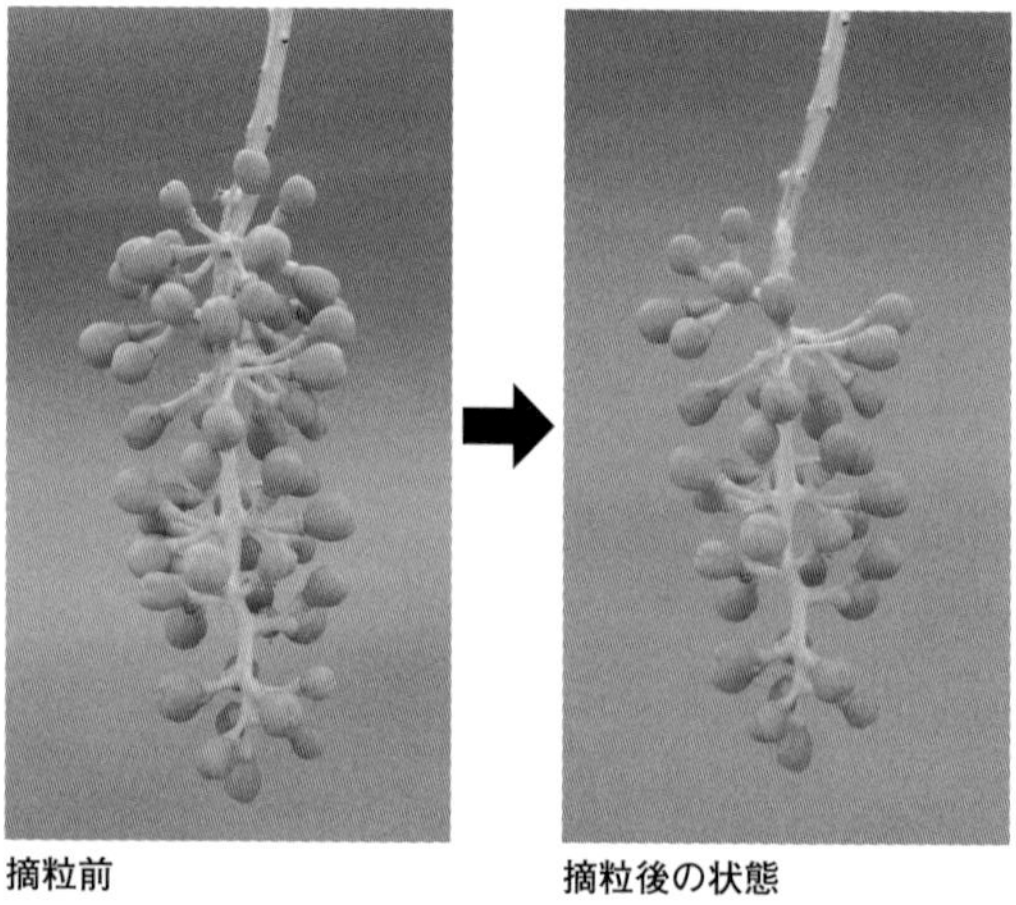

また、70ページで述べたように慣行の房づくりとは別に小房の房づくりもあります。

ロザリオビアンコの摘粒

ロザリオビアンコ（種あり）で果房重500gを目標とする場合は、果粒数40~45粒が目安となります。上部支梗を切り下げるか房尻を切り上げて軸長を9~10㎝に整え、横に伸びている支梗は切り詰めて、円筒形に仕上げます。種なし果が多くつきやすいので、種ありと種なしの区別ができるように

図3－10　摘粒の例（種あり）

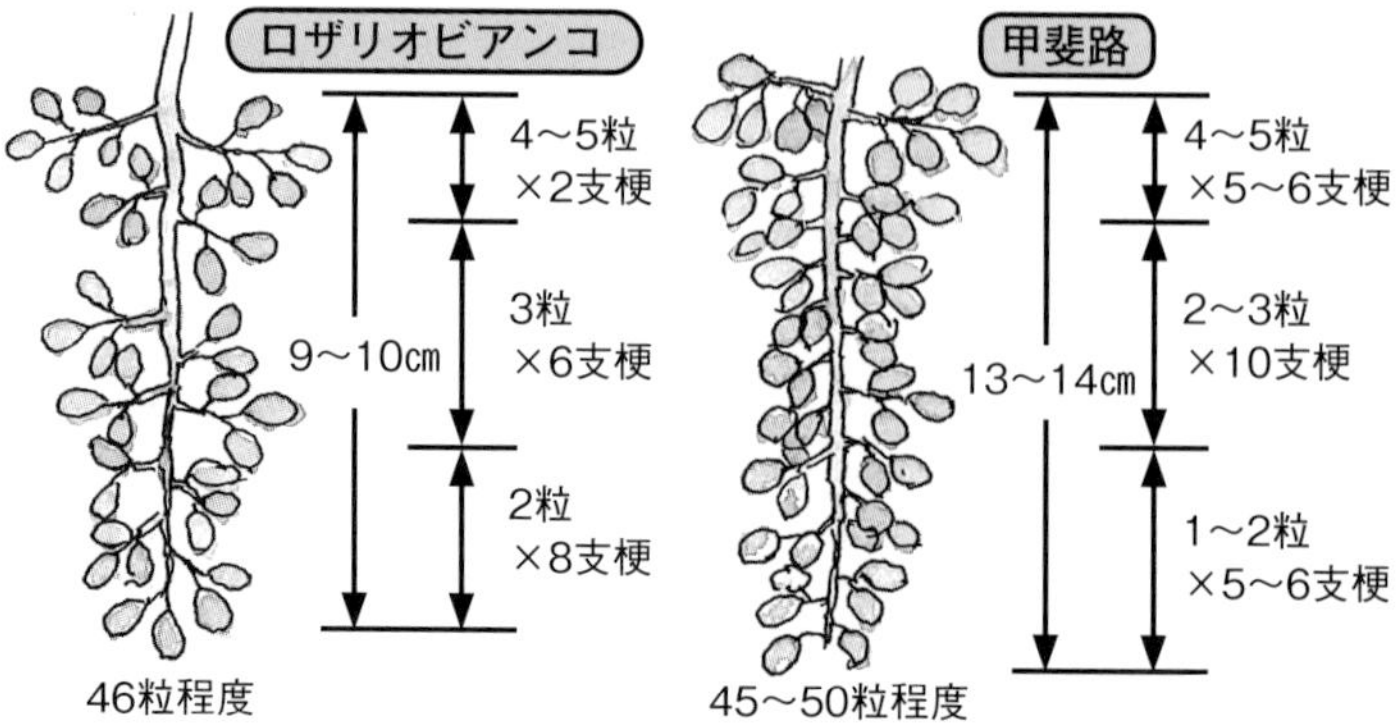

＊横に伸びている支梗は切り詰める
＊果皮にハサミ傷をつけないように注意する

なったら、種なし果を摘粒します（図３－10）。

マスカットベーリーＡの摘粒

マスカットベーリーＡ（種あり）で果粒重は６～７ｇなので、65～70粒を目安に摘粒すると、果房重４５０ｇくらいになります。横に伸びている支梗は切り詰めて円筒形に仕上げます。種なし果が多くつきやすいので、種ありと種なしの区別ができるようになったら、種なし果を摘粒します。

デラウェアの摘粒

デラウェア（種なし）では２回目のジベレリン処理の前までに、上部の支梗を切り詰めて房長10㎝程度に調整します。一般的に露地栽培でのデラウェアは摘粒を行いませんが、過度に果粒が密集している場合は、２回目のジベレリン処理後なるべく早い時期に余分な果粒を抜きます。

カサ・袋かけと防鳥ネット（６～７月）

カサかけの目的と時期

ブドウの病気のほとんどは、雨滴によって感染します。そのため、雨の多い日本では、果房を雨から守ることがなにより大切です。

また、盛夏の頃に直射日光が強過ぎると、果粒が高温になり過ぎて果肉の細胞が死に、日焼けの症状が出てしまいます。果房を雨滴や強過ぎる日光から守るために、果房の上部をカサ状に覆う作業を、カサかけといいます。カサかけをすることで、虫や鳥の食害も軽減します。

カサかけは、摘房、摘粒が終わったらすぐの６月から７月にかけて行います。

カサかけ

カサかけのコツ

カサの素材や大きさ

市販されているカサの材質は、防水加工されたろう引き紙製、日焼け防止を重視したクラフト紙製、果房の温度上昇を抑えることを重視した不織布製、着色を促すための透明なポリエチレン・ポリプロピレン製などがあります。また、大きさも小房用の15・５㎝

四方のもの、大房用の21㎝四方、30㎝四方のものなどがあります。品種や目的に応じて使い分けます。

カサはホームセンターなどで市販されていますが、鉢・コンテナ栽培の場合は房数も少ないので、クラフト紙など水をはじく素材でカサを自作してもよいでしょう。

透明ガサ

肥大開始の果粒

果実の着色とカサ

ブドウの果実は、果粒の成長曲線第Ⅲ期（果粒軟化期）になって糖の蓄積が増えるに従って果皮に色素が蓄積し、色づいていきます。果実の着色には、適度な日差しも必要になります。

ブドウ農家では、巨峰、藤稔などの散光着色性品種（直接果房に光が当たらなくても着色する品種）や、色素による着色がない黄緑色系の品種に関しては、収穫まで乳白色のカサを使うのが一般的です。

乳白色のカサ

一方、着色のために適度な日差しが必要な赤系の品種は、第Ⅲ期に入り着色が始まった頃からは、透過性の強い透明なカサを使います。ただし、直射日光が強過ぎる場合は日焼けを起こしてしまうので、透明なカサの上に不織布製のカサをかけるなどの工夫が必要になります。

鉢・コンテナ栽培の場合は、雨の程度や日当たりなどを考えながら、いろいろなカサを試してみると効果がわかってくるし、見た目にも楽しくなるでしょう。

カサかけ（マスカットベーリーA）

カサのかけ方

❶デラウェアなどの小房の品種であれば15～20cm四方程度、巨峰などの大房の品種であれば30cm四方程度の用紙を用意し、1辺の真ん中から中心にかけて切れ込みを入れます。

❷房のつけ根部分に切れ込みを入れ、果房の肩に触れないように注意しながら果房全体を包み込むようにして端を合わせます。

袋かけと防鳥ネット

袋かけの目的

袋かけの状態

一房ずつ袋をかける（経済栽培）

ブドウ栽培農家では、果房全体を袋で覆う袋かけを行うこともあります。カサかけの効果にプラスして、果実が肥大していく時期に病害虫の防除のために散布する農薬が果房にかからないことも目的にしているからです。

紙製の袋は白や緑、青など遮光率が異なる袋が数種市販されています。白色袋が広く普及していますが、シャインマスカットなど黄緑色の品種では、果皮色が極端に黄化するのを防ぐため、青色などの袋が用いられています。

鉢・コンテナ栽培では、経済栽培のような大がかりな防除対策は行わないでしょうし、袋かけをしないでカサかけだけでも十分かと思います。

ただし、病気に弱いマスカットの遺伝子が強い品種や雨の多い地域では、万全を期しての袋かけをおすすめします。

防鳥ネット

果粒がおいしそうに肥大してくると、ムクドリ、ヒヨドリ、スズメ、カラスなどの鳥がねらってきます。特に赤、黒系統の品種がねらわれやすいようです。また、ヤガやカメムシなどの昆虫も、ブドウの果汁を吸いに現れます。

カサかけは、これらの食害をある程度軽減する役割がありますが、万全を期すならば、鉢・コンテナ栽培しているブドウ樹全体を、1cm目程度の防鳥ネットで覆うとよいでしょう。

収穫適期と収穫方法（7～10月）

収穫時期の判断

果粒の成長曲線第Ⅲ期に入ると、ブドウの果粒が急に軟化し、着色が始まります（**図3－11**）。糖分を蓄えて成熟していくとともに果皮の着色が進み、その品種固有の香りがするようになってきたときが収穫適期です。

糖度が18度以上になったら、いよいよ収穫です。糖度を測る糖度計があれば便利ですが、鉢・コンテナ栽培の場合は、よい香りがしてきたら摘果用のハサミを使って一粒食べてみるとよいでしょう。ブドウは房の上部から甘くなるので、味見は下部のもので行い、それがおいしければ房全体がおいしくなっているということになります（**図3－12**）。

早どりを控え、樹上完熟の段階で収

図3－11　ブドウの果粒の成長曲線（模式図）

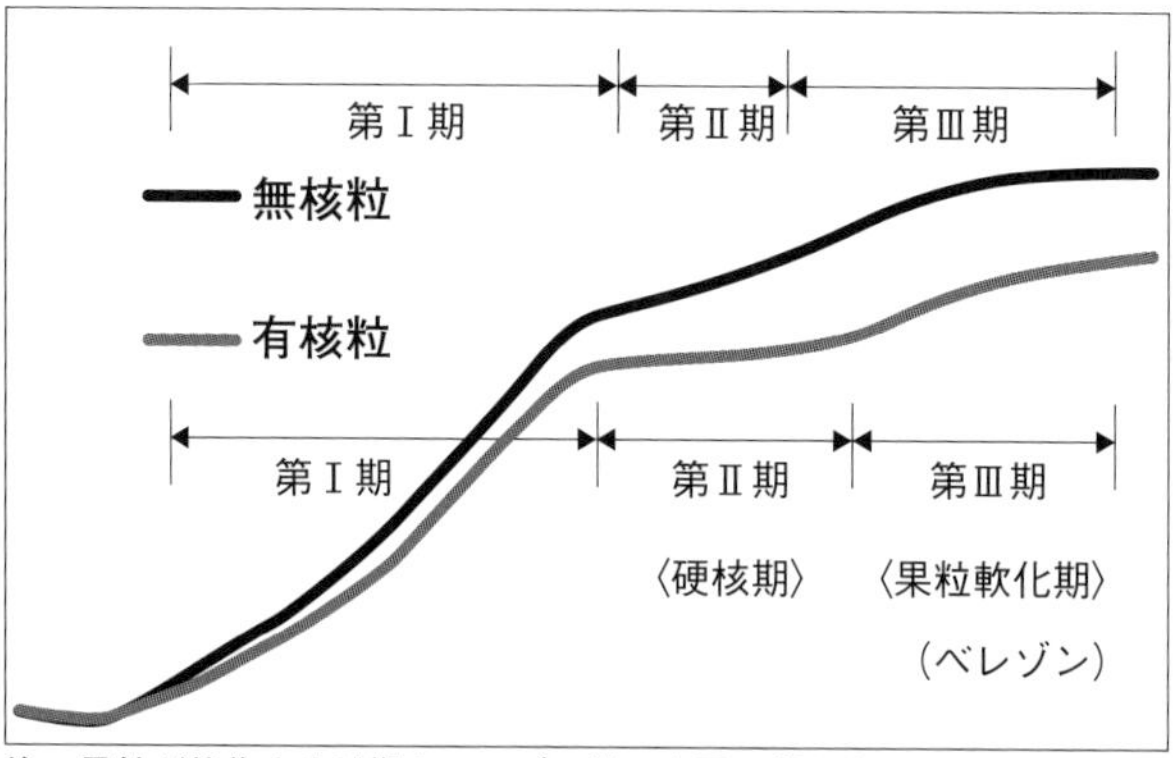

注：果粒が軟化する時期をベレゾン期、水回り期ともいう

着色の始まり

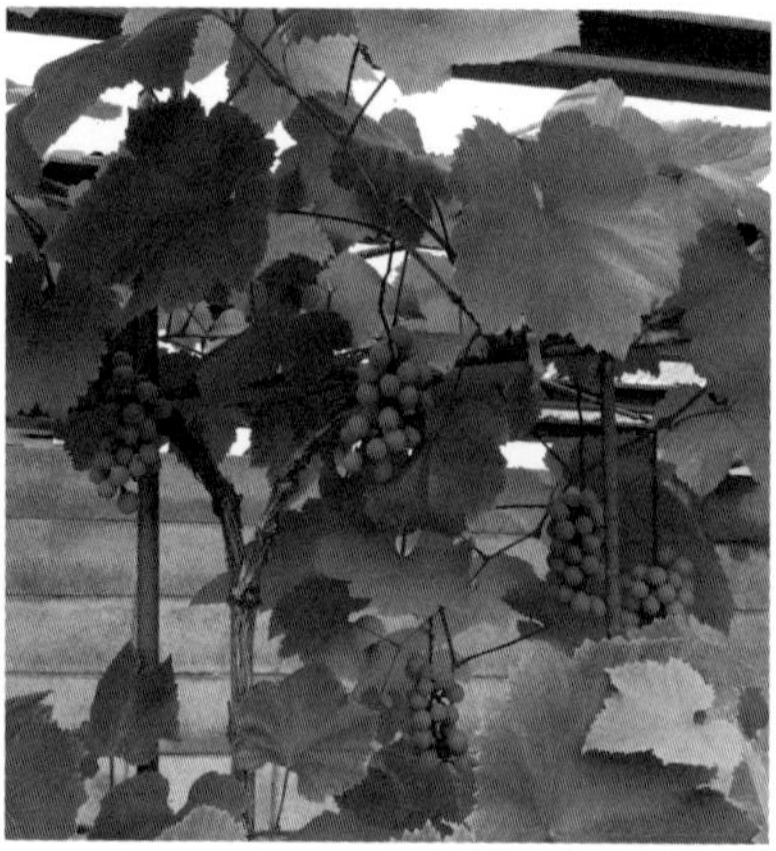

果粒の肥大

図3－12　上半分が甘い部分

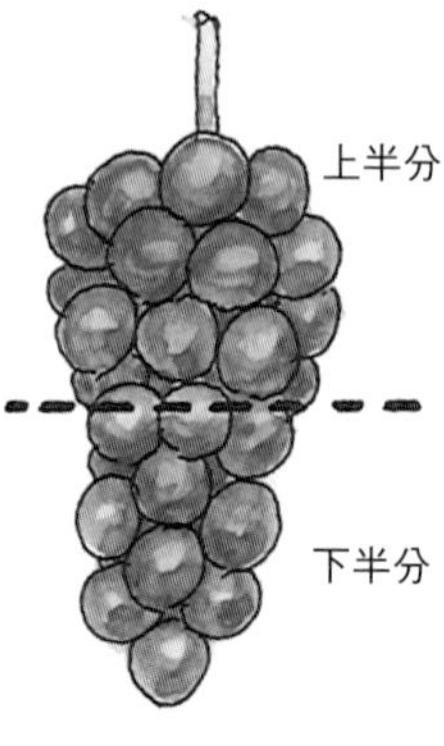
房の下部が甘ければ、全体が甘いということになる

穫します。収穫時期が遅れると、特に米国系品種では果房からどんどん脱粒してしまいます。

収穫のポイント

収穫のタイミング

ブドウは早朝に果粒が肥大しており、早朝に収穫してしまうと裂果が起こりやすくなります。そのため、収穫は午前10時以降にします。

また、気温が高過ぎる日中は、果粒から水分が蒸散することで軟化しており、収穫後の日持ちが悪くなります。気温が高過ぎる日中での収穫は避けたほうが無難です。全面を覆った雨よけハウスなどで栽培している場合は、午前8時以降がよいでしょう。

図３－13　収穫のコツ

果梗を持って切り落とす

収穫方法

ブドウの果粒の表面は、白い粉状のもので覆われています。これはブドウ自らが病原菌に感染することを予防したり、乾燥から守るためにつくりだしたもので、ブルームと呼ばれています。ブルームが厚くのっているものほど新鮮なブドウです。

なるべく果粒のブルームを落とさないようにするため、果梗を持ってハサミで切り落とします（図３－13）。

成熟果房（マスカットベーリーA）

収穫後の管理

ブドウは数年にわたって果実を実らせる永年作物なので、一度収穫したら終わりではありません。次の年にもよい果実を実らせてくれるように管理する必要があります。収穫後から落葉して休眠期に入るまでは、翌年の春に萌芽、展葉、新梢伸長するための貯蔵養分を樹に貯めておくための大切な時期になります。

この時期に大切なのは早期落葉をさせず、なるべく長い期間、葉を健全に保っておくことです。早期落葉の原因には、第一に養分欠乏が考えられます。そのため、この時期に施肥するお礼肥は効果的なのです（ただし、絶対に生の肥料は施さないように気をつけてください）。また、樹や葉を十分に観察し、必要ならば病害虫防除も行いましょう。

病虫害・生理障害と気象災害

防除の基本

せっかく自分で育てたブドウの味を楽しむ鉢・コンテナ栽培なので、農薬などは使いたくないもの。とはいえ、いくら病害虫に強い品種を選んでも、どうしても病気や害虫は発生してしまいます。

べと病の葉

常に目をかけ、適切な管理を行うことで、病害虫や生理障害の予防に努め、また症状を早期発見して対処するようにします（**表3－2**）。

常日頃、心がけておきたい防除の基本事項を述べます。

●病気が発生した果房や葉は伝染源をなくすため、見つけしだい除去し、処分する。

●切り残しの巻きひげ、収穫の際の

木質化した巻きひげ

表3－2　主な病害虫の症状と対策

病害虫名	発生時期	症状	防除法
べと病	5～7月	葉の裏面などに白色のカビが密生、やがて褐変する。果実が肥大しない	日当たりや風通しをよくして、湿度を高くしない。発病した葉を焼却
黒とう病	5～9月	梅雨の前後に発生。枝、葉、果粒に黒褐色の斑点が生じ、収穫量が激減	胞子が周囲に拡散しないように、発生初期に被害部を取り除く
晩腐病	7～9月	成熟した果粒に発生。橙色の胞子の塊が果房全体に発生し、果粒が萎びる	果梗や巻きひげを除去し、なるべく早めにカサかけを行う
ブドウトラカミキリ	5～6月	新梢が急にしおれ、越冬していた幼虫により結果母枝が中途で折れる	春先の枝で樹液がもれている部分を針金でつつき、内部の幼虫を刺殺
コガネムシ類	7～8月	ドウガネブイブイ、マメコガネなどが葉を網目のように食い荒らす	枝を揺すってばらばらと地面に落とし、捕殺する
チャノキイロアザミウマ	5～8月	果粒の表面がかすれたように、さび（かさぶた）状になる	風通しが悪いと発生しやすいので、剪定や摘心、2番枝の除去を徹底

切り残しの果梗の一部などを病気の発生源にしないため、除去する。

●雨による病気の伝染を防ぐため、カサかけや袋かけ、雨よけ対策をしたり、鉢・コンテナの置き場所を工夫したりする。

●害虫は見つけしだい捕殺する。

なお、どうしても薬剤散布を行わなければならない場合、園芸店やホームセンターなどの入手先で作物名の欄が「果樹類」、「落葉果樹」、「ぶどう」のいずれかが明記されていることを確認のうえ、散布量、散布時期、希釈濃度など説明書の内容を必ず守るようにしてください。

べと病

べと病の幼果

主な病気の症状と対策

べと病

葉の裏面などに白色のカビが密生し、やがて葉が枯れてしまいます。花穂や幼果に発病すると、収穫は難しくなります。うどんこ病に似ていますが、毛足が長いのが特徴です。

予防には、なるべく日当たりや風通しをよくし、湿度が高くならないようにすること。発病した場合は、発症した部分を取り去ります。

べと病の葉

うどんこ病

新梢や葉、幼果などの表面がカビでうっすらと白くなり、やがてうどん粉をまぶしたようになります。光合成が阻害され、生育不良になります。

予防には、なるべく日当たりや風通しをよくし、湿度が高くならないようにすること。発病した場合は、発症した部分を取り去ります。

黒とう病

菌糸によって枝、葉、果粒に黒褐色の斑点が発生します。病原菌は結果母枝や巻きひげなどで菌糸の形で越冬し、発芽期頃に雨に濡れるとそこで胞子をつくり、雨滴で伝染します。

発生してからは防除が難しい病気です。予防には、なるべく日当たりや風通しをよくし、雨に当たらないようにすること。余分な結果母枝や巻きひげを残さないことです。

つる割れ病

菌糸によって枝、葉、果粒に黒褐色の斑点が発生します。黒とう病に似ていますが、病斑が小さく条線状になるのが特徴です。新梢に発生した場合はそこから折れやすくなり、古いつるでは縦に割れ目が入り、そこから先が枯死します。

病状のある枝や枯れ枝を取り除くことが、伝染の防除になります。

黒とう病

灰色かび病

灰色かび病

花穂や幼果、成熟果に灰色のカビが発生し、果粒は変色、腐敗してしまいます。

幼果の場合は花冠などの花カスが付着している部分から、成熟果の場合は裂果した果粒の傷口、果粒が支柱や張り線などに接触した部分で多く発生します。

そのため、幼果時は花カスなどをきれいに落とすこと、果粒が支柱や張り線などに接触しないように管理することなどが予防になります。

初期の晩腐病

晩腐病

成熟した果粒に橙色の胞子の塊が発生し、やがて果粒は腐敗ししなびてしまいます。

晩腐《おそぐされ》（「ばんぷ」ともいう）病の予防には、雨滴で伝染するため、なるべく早めにカサかけなどを行い、果粒に雨滴が当たらないようにすること。また、切り残しの巻きひげや果梗などで菌が増えるので、これらをきれいに除去します。

主な害虫の症状と対策

チャノキイロアザミウマ

成虫や幼虫が果粒に寄生して吸汁することで、果粒表面にかすり状の傷がつきます。ひどい場合は果粒表面がコルク状になり、果粒が肥大しなくなります。風通しがよいと発生しにくいので、剪定や摘心、摘粒を徹底します。

クワコナカイガラムシ

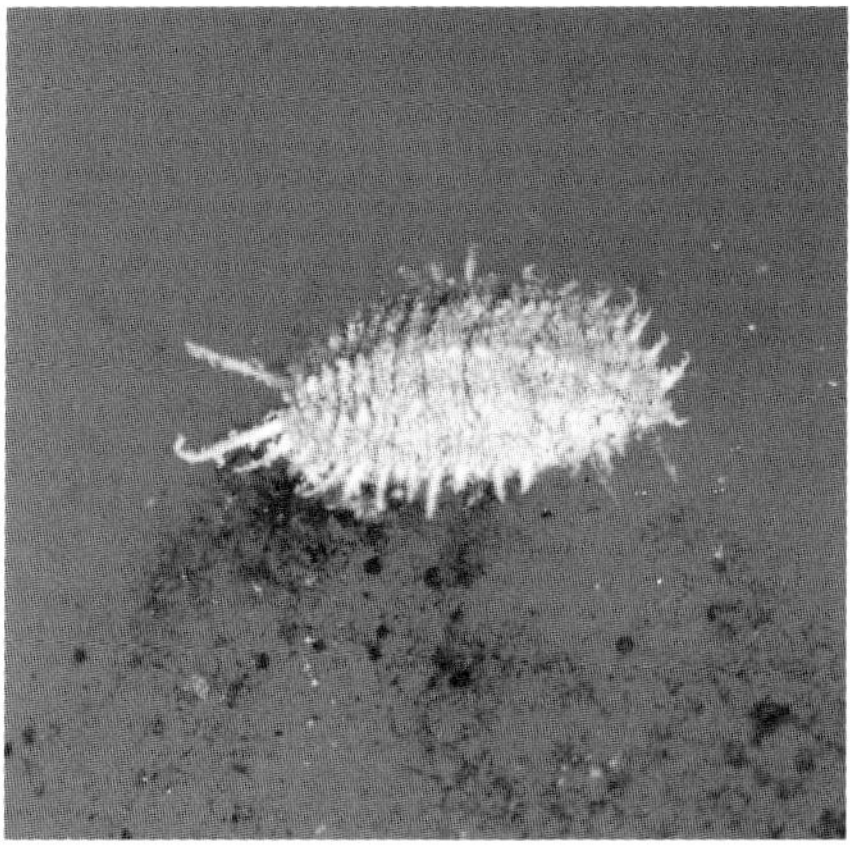

クワコナカイガラムシ

クワコナカイガラムシ

幼虫や成虫が果房や葉などに寄生して吸汁し、寄生した部分には排泄物がたまってカビが発生します。風通しをよくして発生を防ぎます。また、幹の外側の古くなった樹皮（粗皮）で卵の形で越冬するため、剪定を行う時期に粗皮をカンナなどで削り取る粗皮削りも有効です。

小果梗などに被害

ブドウトラカミキリ

茎内で越冬していた幼虫の食害によって、新梢がしおれたり途中で折れたり枯死したりしてしまいます。防除としては、春先に樹液が漏れている枝の部分を針金でつつき、中の幼虫を刺殺します。

ブドウスカシバ、クビアカスカシバ

幼虫が主幹部や太枝の木部を食害し、被害部分にはヤニや虫糞が多く見られます。若木であれば枯死にいたります。防除としては、剪定を行う時期に粗皮をカンナなどで削り取る粗皮削りが有効です。

コガネムシ類、ハムシ類

マメコガネ、ドウガネブイブイ、ヒメコガネ、サルハムシ、ドウガネサルハムシ、クワハムシなどが葉を食害し

ます。見つけしだい捕殺します。

ハダニ類

葉に発生し、吸汁された箇所は茶色に変色します。多くの場合、下草で増殖したものが歩いてブドウの樹に移動して寄生するため、幹周りをきれいにしておくことが予防になります。

ブドウカミキリムシ幼虫

ハダニ

ブドウカミキリムシ成虫

ハダニの被害葉

クビアカスカシバ

ハダニによる果粒被害

主な生理障害と対策

マグネシウム（苦土）欠乏

マグネシウムは葉緑素の材料として使われ、植物の新陳代謝を盛んにしたり、養分の光合成に欠かせない必須多量元素です。酸性土壌の改良も兼ねて施されます。

マグネシウムが欠乏すると、葉脈の間が黄白色になる現象が、葉の中心部から周辺に向かって広がっていき、盛夏から落葉期にかけて激しくなります。また果肉の品質が悪くなり、糖度と着色が低下します。

マグネシウム欠乏症はブドウで比較的発生が多い生理障害で、43ページの施肥のところでも述べましたが、土壌からのマグネシウム供給量が少なかったり、土壌中にカリが過剰に含まれている場合に発生します。

ホウ素欠乏症

苦土欠乏の葉

対策としては、マグネシウムを主体とした資材を鉢土に施用したり、葉面散布したりすると効果的です。10合鉢の場合、3g程度の苦土石灰の施用を目安にします。

ホウ素欠乏

ホウ素は、主に植物の細胞壁の材料として使われ、結実や果粒に影響が現れやすい元素です。ホウ素が開花期前から欠乏すると花ぶるいが起き結実が不良になり、幼果期に欠乏すると果粒の内部が褐変しアンが入っているように見える「アン入り果」や、果粒表面がゴツゴツと硬くなる「石ブドウ」状態になります。

土壌中にホウ素が不足すると発生しますが、一般的な配合肥料を施肥していれば、必要なホウ素は供給されます。ホウ素は土壌が乾燥していると吸収されにくくなるため、ホウ素欠乏症は土壌乾燥による場合が多いです。

ホウ素欠乏のアン入り果

対策としては、ホウ素欠乏の影響が出やすい4~6月に灌水を定期的に行い土壌を乾燥させないことです。また、ホウ素欠乏に効果のある資材を葉面散布します。

窒素欠乏

窒素欠乏

植物の成長促進に関与する「葉肥」ともいわれる窒素が欠乏すると、葉色が薄くなり、全体的に活力がなくなり、果粒重や果房重も低下します。

土壌に窒素が少ないと発生します。また、土壌の乾燥による吸収不足によっても発生します。

対策としては、尿素などの速効性のある窒素肥料を施用してたっぷり灌水するか、葉面散布するかします。

カリ欠乏

根の生育を促進し植物を丈夫に保つ「根肥」ともいわれるカリが欠乏すると、葉が黄白化から褐色化し、激しいときには落葉します。マグネシウム欠乏の場合は黄白化が葉の中心から始まりますが、カリ欠乏の場合は葉の周辺部から始まります。その結果、樹勢が低下し、果粒が小さく糖度も上がらなくなってしまいます。

土壌にカリが不足することはあまりなく、窒素過剰や結果過多、根の障害などが原因として挙げられます。適正な施肥を行うとともに、結果過多にならないような摘房、摘粒などを適切に行うこと、根のリフレッシュなどが対策になります。

カリ欠乏

マンガン欠乏

デラウェアの着色障害が知られていますが、他の品種ではマンガン欠乏による影響は明らかになっていません。土壌のpHが高いとマンガンが吸収されにくくなるため、長期的には石灰質資材の使用を控えて土壌pHの上昇を抑えます。

着色障害が発生しているデラウェアには、2回目のジベレリン処理時に硫酸マンガン液肥を重量比100倍に希釈した溶液に漬けます。

マンガン欠乏（着色障害）

肥料成分が十分での生育障害

土壌中に肥料成分が十分にあっても、土壌が乾燥し過ぎていたりpHが適正外になっていると、根が肥料成分を

市販の粒状苦土石灰

吸収できない場合があります。ブドウの適正な土壌pHは６・５〜７・５程度です。

植物を育てることによって、一般的に土は酸性に寄っていきます。適正な土壌pHよりも低く酸性に寄っている場合は、苦土石灰など石灰系の資材を使うとよいでしょう。適正な土壌pHよりも高くアルカリ性に寄っている場合は、石灰系の資材の使用を控えるかアルカリ度の低い資材を用いるようにします。

主な気象災害と対策

気象災害は、例年どこかで発生しています。

鉢・コンテナ栽培であっても露地に置いている場合、気象災害を完全に防ぐことはできません。しかし、気象情報に注意し、必要な対策を講じることで被害を軽減できます。

凍干害（ねむり病）

冬季の低温や乾燥による凍干害を受けると、発芽の不揃い、芽枯れ、結果母枝の枯れ込みなどが起こり、ひどい場合は主幹部に亀裂が入り枯死します。貯蔵養分が不足して耐寒性が弱い樹が、凍干害の被害を受けやすくなります。

休眠期でも土壌の乾燥を防ぐために水やりを行うこと、また寒冷地の場合は、寒冷紗などで樹を覆い防寒対策を行います。

裂果

大雨（裂果）

成熟期前から成熟期にまとまった降雨があると、果粒に過剰な水分が入り、裂果します。特に高温乾燥が続いた後の大雨は、裂果の可能性が高まります。

鉢・コンテナ栽培の場合は、できるだけ雨が直接当たらない場所で栽培するようにすること、また極端な乾燥状態にならないように特に夏場は定期的に水やりを行うことが、裂果防止になります。

◆コラム①

ブドウの原産と日本導入

ブドウの原産地

ブドウは、紀元前6000年頃にはコーカサス地方やカスピ海沿岸で栽培が始められており、現在の栽培品種の始祖とされるものは紀元前3000年〜紀元前2000年頃には誕生していたとされています。そこからの長い歴史のなかでさまざまな改良・選抜が行われてきたことで、現在ブドウの品種数は1万品種以上といわれており、国内で栽培されている品種数だけでも300品種以上あります。

それらは、主に栽培品種の原種の自生地から見た系統によって分類することができます。

日本へのブドウ導入

日本に多くのブドウ品種が導入されたのは明治時代に入ってからです。明治以前の日本には、古くから中国を経由して欧州種が伝わったごく少数の品種がありましたが、広く栽培されることはありませんでした。

ちなみに第1章でも紹介した甲州は、800〜1000年の栽培歴があるとされ、DNA解析によると71.5%が欧州種、残りが中国の野生種ダヴィディとの雑種と推定されています。

古くから栽培される甲州は生食・醸造兼用種

明治時代に入ると勧業奨励、物産振興が打ち出され、欧州からワイン用のさまざまな品種が導入されるようになりました。雨の多い日本では、比較的大粒だが水分過多で裂果してしまい耐病性も弱い欧州種の栽培は難しく、ほとんどの品種が生産不能と判断されてしまい、耐病性の強いデラウェア、キャンベルアーリー、ナイアガラなどの米国種が選択され、広く栽培されるようになりました。一方で岡山県などでは、ガラス室を用いて欧州種のマスカットオブアレキサンドリアなどの栽培も行われました。

その後、大粒で耐病性に優れた品種の育種が続けられ、米国種を基に欧州種との交雑を重ねていった結果、現在では日本で栽培されている多くの有力品種が欧米雑種となっています。

◆コラム②

ブドウ果実の香りと成分

果実の香り

ブドウの果実の香りには、二つのキーワードが存在します。マスカット香、フォクシー香です。

●マスカット香　マスカット香は、マスカットオブアレキサンドリアに代表されるさわやかで上品な香りのことで、欧州種の特徴となっています。

マスカット香に寄与しているのは、リナロールという植物に含まれる精油成分であり、リナロールの含有量が多いほどマスカット香が強くなります。マスカット香は収穫後に減少していきますが、近年、10℃で貯蔵することでマスカット香が持続することがわかりました。

●フォクシー香　一方、米国種が持つ独特の香りであるフォクシー香は、学名からラブラスカ香とも呼ばれます。いわゆるグレープジュースのような甘い香りをイメージしてもらえればよいでしょう。

主成分はメチルアンスラニート。欧州人にとっては「キツネの香りに似ている」、もしくは「キツネが好んで食べる」として嫌われていますが、多くの日本人にとっては米国種ナイアガラに代表される特有の甘い香りとして認識されています。

果実の成分

ブドウの果実の主成分は、その名前の由来ともなっているブドウ糖と果糖で、これらの含有量は果物の中でもトップクラスです。ブドウ糖は体内に素早く吸収されエネルギーとなるため、疲労回復に最適です。

ブドウの持つ酸味成分には、酒石酸やリンゴ酸などがあり、これらには疲労回復や整腸作用が知られています。

ブドウの味は、この糖と酸のバランスで決まります。糖度が高くても酸の含有量が多ければ酸っぱいブドウになりますが、酸の含有量が少な過ぎてもコクがなく、単純な味になってしまいます。

また、ミネラル成分としてはカリウム（血圧の上昇を抑える効果）、マグネシウム（動脈硬化を予防する効果）、鉄分（貧血予防）といった機能性成分が多く含まれています。

ブドウの皮には、アントシアニンやタンニン、レスベラトロールなどのポリフェノールが豊富に含まれています。これらのポリフェノールは強い抗酸化力を持っており、活性酸素などの有害な物質を無害化し、動脈硬化などの生活習慣病の予防に役立つことはよく知られています。

◆コラム③

ブドウの果粒と果房

ブドウの果実の特徴といえば、小さな実が集まって房をつくっていることです。この一粒一粒を果粒、それが集まったものを果房といいます。

果粒の特徴

●皮の色　色の名称として使われる「葡萄色」は、いわゆる赤紫色ですが、実際のブドウの果粒の皮の色は多種多様です。一般的には赤系、黒系、緑系と大別されますが、例えば同じ赤系でも、品種によって鮮紅や紫赤、赤褐など、さまざまに表現されています。

先尖り卵形（赤嶺）

●形状　ブドウの粒は丸いというイメージがあると思いますが、よく見ると品種によって形状はさまざまで、楕円、円、卵、桃卵、円筒、勾玉《くがたま》、弓形と多種多彩です。

●大きさ　果粒はデラウエアのような1・5～2gの小粒のものから、巨峰などの20g程度の大粒のもの、さらには天山など40g以上にもなるものもあり、その大きさは品種によってさまざまです。大きな果粒のものは果房も大型になる傾向にあります。

先尖り勾玉形（紅ピッテロ）

また、ジベレリン処理を行うと果粒も大きくなる傾向があります。そのため、ブドウは本来の大きさと、農家で栽培されたものとの間にはかなりの違いがあるのも特徴といえます。

果房の特徴

果粒の集合体である果房も自然状態のままならば、球、円筒、円錐、多岐肩や複形など、品種によってさまざまな形状になります。

ブドウの花房は、一つに数百もの花をつけます。しかし、これをそのままにしておくと、水分や養分が分散されてしまいしっかりとした果粒になりません。そのため、「房づくり」を行なって果粒数を制限し、養分を一定の果粒のみに集中させる作業が必要なのです。そのため、販売されているブドウの多くは、品種に限らず同じような果房の形に整えられているのです。

根域制限栽培の例
（野上ぶどう園）

あとがき

書名を『ブドウの鉢植え栽培』としましたが、ここで言う鉢植えとはコンテナ、プランター、ボックスなどを含め、容器植えの総称のことです。

鉢植え栽培の魅力は、なによりも身近で育てて楽しみ、味わう喜びがあることです。「庭先やブドウ園で育てたものに、おいしさではかなわない」と思われる方もいるかもしれませんが、栽培管理しだいで必ずしもそうとは言い切れないのです。

日本の果樹栽培は、そのスタイルを変えつつあります。近年までの果樹栽培は「疎植大木主義」、つまり一本一本の樹を年数をかけて大きく育て、大きく育った樹から多くの果実をとるというやり方でした。これだと植えつけから果実生産にいたるまで3〜4年、成園化にいたるまで7〜8年を要します。また、大木だと根群が広く張っているため、土壌中の水分や養分の調節が難しく、根域の制御まで万全にできませんでした。

そこで近年のブドウ栽培では、「根域制限」をベースにした栽培体系を導入するところが、少しずつですが着実に増えはじめています。これは一本のブドウ樹を鉢・コンテナなどの大型容器に植えつけ、地上部と根域を制限しながら栽培し、品質の揃った果実を安定的に多くとろうとするやり方です。したがって、鉢植え栽培は、ある意味では「根域制限」栽培への取り組みとも言うことができます。

さて、最後になりましたが、編纂にあたってご協力いただいた元・東京農業大学果樹学研究室の大坪孝之先生をはじめ、取材・撮影、イラスト作成など編集・製作関係の方々、資料・写真などご協力いただいた皆様に謝意を表します。

編者

園芸ネット㈱　＊鉢植えブドウなどの販売
〒103-0015　東京都中央区日本橋箱崎町5-11　ユニバーサルビル５F
TEL 03-6667-0210　FAX 03-6667-0211

㈱天香園　＊果樹苗の生産、販売
〒999-3742　山形県東根市中島通り1-34
TEL 0237-48-1231　FAX 0237-48-1170

出荷用ポット苗

山梨県エネルギー政策課　＊緑のカーテン事業推進
〒400-8501　山梨県甲府市丸の内1-6-1
TEL 055-223-1506　FAX 055-223-1505

㈲菊地園芸　＊果樹苗の生産、販売
〒999-2263　山形県南陽市萩生田955
TEL 0238-43-5034　FAX 0238-43-2590

苗（スチューベン）

マンズワイン㈱小諸ワイナリー　＊醸造ブドウ栽培展示圃
〒384-0043　長野県小諸市諸375
TEL 0267-26-1023　FAX 0267-22-6336

笛吹市観光物産連盟 石和温泉駅観光案内所　＊ブドウの実つき苗（鉢）の展示
〒406-0021　山梨県笛吹市石和町松本177-1
TEL 055-231-5500　FAX 055-231-5511

㈱サカタのタネ ガーデンセンター横浜　＊果樹苗などの展示、販売
〒221-0832　神奈川県横浜市神奈川区桐畑２
TEL 045-321-3744　FAX 045-324-2964

◆インフォメーション　　　　　　＊取材・撮影、写真協力など本書内容関連

(一社)日本果樹種苗協会
　〒104-0041　東京都中央区新富1-17-1　宮倉ビル４階
　TEL 03-3523-1126　FAX 03-3523-1168

苗（シャインマスカット）

㈱植原葡萄研究所　＊ブドウの育種、苗の生産、販売
　〒400-0806　山梨県甲府市善光寺1-12-2
　TEL 055-233-6009　FAX 055-233-6011

オザキフラワーパーク　＊果樹苗の展示、販売
　〒177-0045　東京都練馬区石神井台4-6-32
　TEL 03-3929-0544　FAX 03-3594-2874

出荷用ポット苗

萩浜園(萩原元)　＊ブドウの実つき苗（鉢）の生産、販売
　〒409-1316　山梨県甲州市勝沼町勝沼2369
　TEL & FAX 0553-44-0053

野上ぶどう園(野上庄吾)　＊ブドウの根域制限栽培
　〒701-1145　岡山市北区横井上1103
　TEL & FAX 086-294-2240

積水樹脂㈱ 関東第二支店アグリ営業所　＊雨よけミニハウス部材の取り扱い
　〒105-0022　東京都港区海岸1-11-1　ニューピア竹芝ノースタワー 12階
　TEL 03-5400-1842　FAX 03-5400-1826

第一ビニール㈱　＊簡易組み立て棚キットの取り扱い
　〒919-0412　福井県坂井市春江町江留中37-10
　TEL 0776-51-5551　FAX 0776-51-5553

ネクストイノベーション㈱　＊果樹園芸などの事業展開
　〒706-0224　岡山県玉野市八浜町大崎430-12
　TEL 0863-53-9696　FAX 0863-53-9655

鉢植え栽培の巨峰

成熟果房（バラディ）

●

デザイン——ビレッジ・ハウス
イラスト——宍田利孝
撮影——蜂谷秀人　大森直樹　三宅 岳　ほか
編纂・執筆協力——大坪孝之（元・東京農業大学果樹学研究室）
まとめ協力——村田 央　樫山信也
写真協力——小林和司　サカタのタネガーデンセンター横浜
山梨県エネルギー政策課　笛吹市観光物産連盟
園芸ネット　萩浜園　野上ぶどう園　積水樹脂
植原葡萄研究所　オザキフラワーパーク　天香園
マンズワイン小諸ワイナリー　第一ビニール
農研機構果樹茶業研究部門　菊地園芸　ほか
校正——吉田 仁

編者プロフィール

●**大森直樹**（おおもり　なおき）

果樹園芸研究家・果樹栽培指導者。

1958年、岡山県生まれ。岡山大学自然科学研究科修士課程修了。ニュージーランドでの果樹栽培の留学を経て、岡山県赤磐市で果樹種苗業などに携わる。また、果樹農家への栽培指導や博覧会などのイベント参加、NHK「趣味の園芸」講師なども務める。現在、主に果樹栽培の研究・指導を行っている。

著書に『決定版　はじめてでも簡単　おいしい家庭果樹づくり』（講談社）、『家庭でできるおいしいブドウづくり12か月』（家の光協会）、『一年中楽しめるコンテナ果樹の育て方』（西東社）ほか。

ブドウの鉢《はち》植《う》え栽培《さいばい》　～仕《し》立《た》て方《かた》･育《そだ》て方《かた》～

2021年 9月 3日　第1刷発行

編　　者――大森直樹《おおもりなおき》

発 行 者――相場博也

発 行 所――株式会社　創森社

〒162-0805　東京都新宿区矢来町96-4

TEL 03-5228-2270　FAX 03-5228-2410

http://www.soshinsha-pub.com

振替00160-7-770406

組　　版――有限会社 天龍社

印刷製本――中央精版印刷株式会社

　ISBN978-4-88340-351-6　C0061

〝食・農・環境・社会一般〟の本

創森社　〒162-0805 東京都新宿区矢来町96-4
TEL 03-5228-2270　FAX 03-5228-2410
http://www.soshinsha-pub.com

＊表示の本体価格に消費税が加わります

ミミズと土と有機農業
中村好男 著　Ａ５判１２８頁１６００円

薪割り礼讃
深澤 光 著　Ａ５判２１６頁２３８１円

すぐにできるオイル缶炭やき術
溝口秀士 著　Ａ５判１１２頁１２３８円

病と闘う食事
境野米子 著　Ａ５判２２４頁１７１４円

焚き火大全
吉長成恭・関根秀樹・中川重年 編　Ａ５判３５６頁２８００円

玄米食 完全マニュアル
境野米子 著　Ａ５判９６頁１３３３円

手づくり石窯BOOK
中川重年 編　Ａ５判１５２頁１５００円

豆屋さんの豆料理
長谷部美野子 著　Ａ５判１１２頁１３００円

雑穀つぶつぶスイート
木幡 恵 著　Ａ５判１１２頁１４００円

不耕起でよみがえる
岩澤信夫 著　Ａ５判２７６頁２２００円

すぐにできるドラム缶炭やき術
杉浦銀治・広若剛士 監修　Ａ５判１３２頁１３００円

竹炭・竹酢液 つくり方生かし方
杉浦銀治ほか監修　Ａ５判２４４頁１８００円

竹垣デザイン実例集
古河 功 著　Ａ４変型判１６０頁３８００円

毎日おいしい 無発酵の雑穀パン
木幡 恵 著　Ａ５判１１２頁１４００円

自然農への道
川口由一 編著　Ａ５判２２８頁１９０５円

素肌にやさしい手づくり化粧品
境野米子 著　Ａ５判１２８頁１４００円

おいしい にんにく料理
佐野 房 著　Ａ５判９６頁１３００円

竹・笹のある庭～観賞と植栽～
柴田昌三 著　Ａ４変型判１６０頁３８００円

自然栽培ひとすじに
木村秋則 著　Ａ５判１６４頁１６００円

育てて楽しむ **ブルーベリー12か月**
玉田孝人・福田 俊 著　Ａ５判９６頁１３００円

炭・木竹酢液の用語事典
谷田貝光克 監修　木質炭化学会 編　Ａ５判３８４頁４０００円

園芸福祉入門
日本園芸福祉普及協会 編　Ａ５判２２８頁１５２４円

割り箸が地域と地球を救う
佐藤敬一・鹿住貴之 著　Ａ５判９６頁１０００円

育てて楽しむ **タケ・ササ** 手入れのコツ
内村悦三 著　Ａ５判１１２頁１３００円

育てて楽しむ **雑穀** 栽培・加工・利用
郷田和夫 著　Ａ５判１２０頁１４００円

育てて楽しむ **ユズ・柑橘** 栽培・利用加工
音井 格 著　Ａ５判９６頁１４００円

石窯づくり 早わかり
須藤 章 著　Ａ５判１０８頁１４００円

ブドウの根域制限栽培
今井俊治 著　Ｂ５判８０頁２４００円

農に人あり志あり
岸 康彦 編　Ａ５判３４４頁２２００円

はじめよう！ 自然農業
趙漢珪 監修　姫野祐子 編　Ａ５判２６８頁１８００円

農の技術を拓く
西尾敏彦 著　四六判２８８頁１６００円

東京シルエット
成田一徹 著　四六判２６４頁１６００円

玉子と土といのちと
菅野芳秀 著　四六判２２０頁１５００円

生きもの豊かな自然耕
岩澤信夫 著　四六判２１２頁１５００円

自然農の野菜づくり
川口由一 監修　高橋浩昭 著　Ａ５判２３６頁１９０５円

菜の花エコ事典～ナタネの育て方・生かし方～
藤井絢子 編著　Ａ５判１９６頁１６００円

パーマカルチャー～自給自立の農的暮らしに～
パーマカルチャー・センター・ジャパン 編　Ｂ５変型判２８０頁２６００円

巣箱づくりから自然保護へ
飯田知彦 著　Ａ５判２７６頁１８００円

病と闘うジュース
境野米子 著　Ａ５判８８頁１２００円

農家レストランの繁盛指南
高桑 隆 著　Ａ５判２００頁１８００円

ミミズのはたらき
中村好男 編著　Ａ５判１４４頁１６００円

野菜の種はこうして採ろう
船越建明 著　Ａ５判１９６頁１５００円